As 60 Frutas

e seus benefícios medicinais

(propriedades, indicações, modos de preparo, incluindo dos sucos).

Hilton Claudino

As 60 Frutas

e seus benefícios medicinais

(propriedades, indicações, modos de preparo, incluindo dos sucos).

wrc Livros

Produção editorial e revisão: *Equipe WRC Livros*
Impressão: *Expressão & Arte*
Capa e Diagramação: *André R. Carvalho*

Depósito legal na Biblioteca Nacional conforme
Decreto nº 1.825, de 20 de dezembro de 1907.

Dados Internacionais de Catalogação na Publicação (CIP)
(Câmara Brasileira do Livro, SP, Brasil)

Claudino, Hilton
As 60 frutas e seus benefícios medicinais : (propriedades, indicações, modos de preparo, incluindo dos sucos) / Hilton Claudino. -- São Paulo : WRC Livros, 2014.

1. Doenças – Causas 2. Frutas 3. Medicina preventiva 4. Nutrição – Necessidades I. Título.

14.04715 CDD-613.2

Índices para catálogo sistemático:

1. Frutas e prevenção de doenças 613.2

ISBN 978856546807-7

R. Doraci, 80 — Bom Retiro
São Paulo/SP — Brasil — CEP 01134-050
Tel.: (11) 3337-0689
www.estacaopaz.com.br
sac@estacaopaz.com.br

Sumário

Esta obra se baseia em experiências práticas do autor e de outros. Não tem como objetivo fornecer diagnósticos ou tratamentos, que é de competência de um profissional da área de saúde.

À minha mãe, Antonia Rodrigues de Lima (*in memoriam*).

Ao meu pai, Pedro Claudino de Lima (*in memoriam*).

À minha irmã Ivonete Rodrigues de Lima, uma verdadeira guerreira.

Aos meus filhos Belisa Tan de Lima e Ricardo Tan de Lima, que me ajudaram na elaboração e organização dos textos deste livro e em *Os Vegetais*.

Muito obrigado a todos.

Prefácio

Ao longo de mais de vinte anos de trabalho como fitoterapeuta profissional, que trata enfermidades utilizando plantas medicinais e trofoterapeuta profissional, que trata enfermidades utilizando os alimentos, aprendi que a alimentação correta é um dos ingredientes fundamentais para termos saúde. São os alimentos que determinam a qualidade de nossa vida. Doenças poderiam ser evitadas e até curadas se as pessoas soubessem alimentar-se adequadamente. Basta saber como prepará-los, como e quando ingeri-los, e isso não acontece porque o povo não é instruído a respeito.

Atualmente se investe mais em pesquisas sobre os alimentos industrializados do que nos naturais, quando deveria ser o contrário. Afinal, os alimentos naturais são mais completos e aceitos pelo nosso organismo. Grande parte desse conhecimento tem comprovação científica, outra parte está no conhecimento popular, o qual não devemos ignorar por não ser considerado científico; é verdade também que muitas coisas são puro folclore ou misticismo. Aprendi ensinamentos que a escola jamais me ensinou como conhecer, obedecer e também utilizar os recursos oriundos da Natureza para prevenir e combater as enfermidades. Com triste pesar notamos que a medicina convencional se distanciou desses princípios que vinculam a saúde com a harmonia e a Natureza. Aprendi em minha pouca convivência com os índios que não devo tirar da Natureza nada que eu não vá usar para mim, só devo tirar-lhe o necessário para a minha sobrevivência.

Desenvolvi ao longo desses anos algumas combinações com ervas medicinais, com alimentos os quais utilizo seguindo uma lógica, é evidente.

Muitas pessoas durante a vida não conseguem se curar dos seus males porque, na maioria das vezes, não sabem trilhar o caminho em busca da verdadeira cura. Ninguém nasce com enxaqueca, com labirintite, úlcera, gastrite, osteoporose, pedras nos rins etc. Estas e muitas outras doenças são adquiridas no decorrer da vida, em decorrência de alimentação errada, e, por trás disso, está também o fator emocional.

Veja uma coisa: quantas e quantas pessoas tomam o remédio certo, porém continuam doentes, ou, depois de certo tempo, tal doença volta ou apresenta-se de outra forma. Não adianta tomar remédios e continuar alimentando-se ou preparando os alimentos de forma inadequada; neste embate, no decorrer do tempo a alimentação errada sempre vai prevalecer em sua ação acumulativa e progressiva, e a saúde fica totalmente comprometida. Por que não se criam mecanismos para ensinar o verdadeiro valor dos alimentos naturais, os seus benefícios na prevenção e cura de doenças? Isso deveria ser feito desde quando somos crianças. Não adianta depois que a pessoa está doente falar-lhe: você precisa mudar os seus hábitos alimentares; neste momento talvez seja tarde, ou a pessoa não consiga mais recuperar a saúde, como acontece na maioria dos casos. Ouço falar também em reeducação alimentar. Ora, como pode haver reeducação alimentar se nunca houve antes a educação, e se existe ela deveria ser divulgada no país inteiro; com certeza, dessa forma, estaríamos prevenindo as doenças. Se muitos remédios tiveram seu princípio copiado dos alimentos ou das ervas medicinais, então, por que não ensinar o povo a alimentar-se corretamente? Nos alimentos e ervas medicinais encontramos todos esses princípios ativos.

Tudo que pensamos ou fazemos, com certeza, contribui para mudanças no mundo, que podem proporcionar momentos bons ou ruins. Os alimentos naturais também contribuem para mudanças em nosso organismo; eles estão imbuídos de energia, vitaminas, sais minerais, fibras e outros nutrientes que podem nos energizar, estimular, prevenir, acelerar no restabelecimento e até curar doenças. Na verdade, os alimentos não têm só como princípio nos alimentar, eles prestam outros serviços à Natureza, ao planeta, ao Homem e ao plano evolutivo. E esses benefícios vão além ao de nutrir o nosso corpo, agirem sobre o lado emocional, harmonizando-o e purificando-o.

O relacionamento homem-natureza, em sua maioria, não tem sido muito honesto. O ser humano tem se afastado muito dela, só procurando-a quando tem necessidade, quando precisa dela, e isso não está certo. Um relacionamento honesto tem de ter reciprocidade; esse modo de agir espelha falta de inteligência e gratidão por quem tanto nos faz. As consequências são tantas e, por incrível que pareça, as pessoas não observam: estas consequências que estão do nosso lado nos afetam todo dia, toda hora. Perceba: as pessoas estão doentes, deprimidas, estressadas, depressivas; elas se enganam, mas não enganam a Natureza com o seu sorriso falso e doentio, com as conquistas do mundo materialista; a Natureza não sabe o que é isso, na verdade essas conquistas de nada valem, até mesmo no mundo materialista, se foram adquiridas sem respeito e gratidão.

Os alimentos, e aí estão incluídas as frutas, são de muita importância em todo esse processo. Elas transmitem para nós, pelas suas cores, a harmonia e transmutam o ar, o éter e a atmosfera do ambiente onde se encontram. As frutas, durante o seu longo período de cultivo, recebem o sol com toda a sua plenitude, é a energia vital. Ao consumi-las de forma correta e desde que não estejam sob a forma de um cadáver vegetal, que é caracterizado quando elas se apresentam flácidas, podres, passadas, amassadas, com cores estranhas, enfim, quando estão impróprias para o consumo, são alimentos completos em sua composição, possuem inúmeros nutrientes como vitaminas, sais minerais, fibras e tantas outras propriedades medicinais que iremos ver nesta obra e que são indispensáveis para a saúde. Hoje as frutas são recomendadas por todos os profissionais da saúde do planeta; é impossível viver sem elas quando se almeja uma vida plena.

Então, vamos conhecer estas 60 frutas, saber como prepará-las e como ingeri-las, para que o nosso organismo se beneficie das suas propriedades medicinais.

Com carinho,

Fitoterapeuta e trofoterapeuta Hilton Claudino

Introdução

Simplesmente nutritivas, saudáveis e deliciosas, assim são as frutas. A Trofologia (ciência que nos ensina a manter ou a restabelecer a saúde por meio da alimentação adequada às necessidades do nosso corpo) atribui a elas muita importância na nossa alimentação diária. Não existe saúde plena sem frutas, pois sua ingestão regularmente previne doenças e pode agilizar o restabelecimento e a consequente cura.

As frutas, em sua maioria, são antioxidantes, desintoxicantes, anti-inflamatórias, melhoram a circulação sanguínea, são ricas em fibras, são uma grande fonte de água. Possuem vitaminas e sais minerais, excitam as funções gástricas, ativam as funções intestinais, mantêm e reforçam o sistema imunológico, combatem inflamações, contribuem para a saúde dos ossos e da pele, harmonizam os batimentos cardíacos, renovam células e são ricas em hormônios e outros micronutrientes indispensáveis para a perfeita saúde de nosso corpo, distribuídos em equilíbrio perfeito.

Quando as frutas estão maduras, frescas e são mastigadas adequadamente, são de fácil digestão, inclusive combatem a prisão de ventre devido suas fibras. A prisão de ventre é um problema que deve ser regularizado rapidamente, pois aí se trilha um terreno muito perigoso, minado de inúmeras enfermidades. Aliás, a prisão de ventre pode estar por trás do abuso de carnes, de alimentos refinados, do pão branco, que também é combatida mediante a ingestão de cereais integrais e verduras frescas.

Como escolher e conservar as frutas

Às vezes pela aparência ou com uma leve pressão dos dedos, você pode selecionar as frutas, que devem ser frescas, estar firmes e não apresentar sinais de danificação.

As frutas quando chamamos "de vez" – é porque estão próximas de ficarem maduras e apropriadas para o consumo – devem ser conservadas na temperatura ambiente até o total amadurecimento, daí podem ser consumidas ou guardadas na geladeira, nunca deixando-as descobertas depois de partidas. Normalmente em poucos dias elas murcham, perdem o sabor, o valor nutricional, enfim, tornam-se um cadáver vegetal, totalmente desvitalizadas.

As categorias de frutas e quando ingeri-las

As frutas são divididas em cinco categorias:

- frutas doces;
- frutas semi-ácidas;
- frutas ácidas;
- frutas hiper-hídricas ou monofágicas;
- frutas oleaginosas.

Categoria das frutas que são digeridas no estômago: as oleaginosas.

Categoria das frutas que são digeridas no intestino: as doces, semiácidas, ácidas, hiper-hídricas ou monofágicas.

Obs.: Nesta obra você vai perceber que logo depois do nome da fruta vem escrito a sua categoria.

Para o nosso organismo usufruir de todos os nutrientes das frutas, deveríamos ingeri-las uma hora antes das refeições ou duas horas após. Perceba que quando almoçamos os alimentos em geral são digeridos no estômago, se em seguida comermos frutas ou sua salada, elas ficam retidas no estômago (não passam para o intestino) e causam fermentações indevidas, pútridas.

Se ingerirmos frutas hiper-hídricas ou monofágicas, que são frutas ricas em água (no planeta só existem duas: melancia e melão, em cuja composição 93% é água), estas frutas varrem todos os ácidos digestivos e comprometem seriamente todo o processo digestivo. Isto também nos leva à seguinte conclusão: comer esta categoria de fruta é o mesmo que beber água.

O ambiente do nosso estômago é ácido. Nele há oxigênio, próprio para a digestão das frutas oleaginosas.

Faça um teste: corte uma maçã, banana etc., deixe-as expostas no tempo, dentro de alguns minutos você verá que estarão escuras, é a ação do oxigênio que as deixam assim, elas oxidam, apodrecem. Dessa mesma forma acontece com as frutas doces, ácidas, semiácidas e monofágicas ou hiper-hídricas quando ficam retidas no estômago.

Podemos comer salada de frutas desde que estas façam parte da mesma categoria, evite misturar as diversas categorias, lembre-se: seu tempo de fermentação é diferente, o tempo de assimilação dos seus nutrientes também é diferente. Se você comer uma salada de frutas envolvendo as mais diversas categorias, quando estiverem no intestino, qual categoria ele vai primeiro digerir? Ele não sabe, não foi programado para isso, sabe digerir uma categoria por vez; duas horas depois você pode comer outra categoria de frutas. Cada categoria de frutas possui funções específicas para o organismo, se não todas seriam da mesma categoria.

Um exemplo de como se deve comer salada de frutas:

Pode-se misturar banana, manga, maçã da casca vermelha e outras frutas da categoria doce, aí está certo.

Não posso, por exemplo, misturar banana (doce), maçã da casca verde (semiácida), uva (ácida), morango (ácida), melão (monofágica ou hiper-hídrica), aí está errado.

O ambiente do intestino também é alcalino, próprio para a digestão das frutas doces, semi-ácidas, ácidas e monofágicas ou hiper-hídrica.

Não devemos ingerir líquidos em hipótese alguma durante as refeições, sejam eles água, sucos, refrigerantes etc. Quando isso ocorre, os ácidos digestivos são varridos do estômago e compromete-se todo o processo digestivo, além de dilatar o estômago. Os líquidos devem ser ingeridos de 30 a 60 minutos antes das refeições ou duas horas após.

Os sucos de frutas são muito ricos em vitaminas e sais minerais, porém a sua validade é curta, em geral depois de 3 minutos dele pronto, suas substâncias se perdem e também ele passa a oxidar-se. Devemos usá-los tão logo sejam preparados, e as sobras, inutilizá--las. Nunca troque um suco de frutas totalmente natural (se tiver de adoçá-lo, faça-o com mel) por refrigerante. Existem algumas combinações de sucos que podem ser feitas com frutas de categorias diferentes. Neste livro você encontrará algumas dessas combinações possíveis. Lembre-se de que uma coisa é o suco, e ingerir o fruto é outra.

Todo esse processo é próprio da natureza humana, ninguém vai conseguir mudar mesmo, ou se aprende a comer e com certeza se tem saúde, melhora a qualidade de vida, ou come-se errado e as pessoas ficam doentes, deformadas. Não se esqueça: no decorrer dos anos a Natureza nos cobra, e esta cobrança não é igual a uma dívida financeira, que um dia eu pago, recebo a quitação e está tudo certo. Esta cobrança vem em forma de doenças, a Natureza não perdoa mesmo.

Depois dessa breve explanação, convido-o(a) a conhecer este mundo realmente fantástico, fenomenal, que são as frutas. Faça com que estas participem diariamente da sua vida, ingerindo três frutas durante o dia, tomando o seu suco. Alimente-se com as frutas, conforme o exposto, e você perceberá mudanças benéficas em sua vida. A Natureza nos deu tudo isso, ela é simplesmente divina...

ABACATE

(Oleaginosa)

É um alimento por excelência. Faz parte das 10 frutas imprescindíveis à nossa saúde e apresenta também resultados satisfatórios na estética e beleza.

Possui vitaminas A, B1, B2, B5, B7 ou B8 ou vitamina H (Biotina), B9 (ácido fólico) C, E, e traços de vitamina D. Sais minerais: cálcio, enxofre, ferro, fósforo e potássio. Aminoácido triptofano e ômegas 3 e 9. Contém fibras, carboidratos (20%), grande concentração de gorduras que não favorecem risco de elevação do colesterol, pois a maior parte dessa gordura não é saturada. Elas são distribuídas, desta forma, em um abacate comum: saturadas 20%, poli-insaturadas 35% e monoinsaturadas 45%. Tem mais proteínas que qualquer outra fruta, principalmente de ácidos graxos monoinsaturados, cuja ação é a de eliminar as lipoproteínas de alta densidade que têm o efeito de manter e acumular o colesterol.

É também um verdadeiro bálsamo para o coração e os vasos sanguíneos, combatendo o estresse, o nervosismo e a insônia.

O abacate limpa o sangue, tem ação anticolesterol, combate o reumatismo, gota, artrite, é ótimo para as articulações. Protege os olhos em virtude da substância luteína nele contida. É estimulante das ações do fígado e dos rins. Normaliza problemas digestivos, a função intestinal, combate os males produzidos pelo uso da carne. É um ótimo energético: mantém a beleza, fortalece a pele e o cabelo, além de nutrir todo o organismo.

Deve ser usado moderadamente por quem tem tendência à obesidade, por causa de sua alta concentração de gorduras (20%). Cada 100 gramas têm 160 calorias, o dobro da manga, ou o quádruplo da laranja. Mesmo assim, ele é melhor que gorduras de origem animal por não ser tóxico para o nosso organismo. Trata-se de um alimento de grande valor nutritivo e vale mais que um rodízio de churrasco.

Pesquisas afirmam que a mulher que consome um abacate médio, no decorrer da semana, mantém seus hormônios equilibrados. Outro benefício para as mulheres é que ele protege e ajuda no funcionamento do útero.

Para homens e mulheres manterem os níveis de hormônios normalizados, consuma abacate com a semente de linhaça. Saiba que a semente de linhaça produz e mantém hormônios. Adicionar uma colher (sopa) da semente ao abacate, bater no liquidificador e ingerir imediatamente. Se quiser adoçar, utilize o mel, jamais o açúcar.

Curiosidades: Um abacate precisa de nove meses para se transformar de flor a fruto. Um só abacate possui mais de 14.000 componentes químicos fotolíticos; deles, a ciência estudou e nomeou apenas 141. O abacate é a única fruta que não amadurece no pé.

Outras propriedades terapêuticas

Diurética, anti-inflamatória, levemente laxativa, digestiva e vitaminizante.

Indicações

Problemas renais e corrimento (vaginal)

Uma xícara de leite misturado com uma colher (chá) do pó do caroço de abacate torrado e moído, mexer bem e ingerir de uma a duas xícaras por dia.

Menstruação irregular

Fazer chá das folhas do abacateiro, sob a forma de infusão. Utilizar uma colher (chá) das folhas para uma xícara de água e não adoçar. Ingerir uma xícara 2 vezes por dia.

Para fortalecer a memória

Misturar a polpa de abacate com uma colher (sopa) de gérmen de trigo e adicionar água. Bater no liquidificador e ingerir de 3 a 5 vezes por semana, ou diariamente.

Para fortalecer a memória e na falta de minerais

Bater no liquidificador: 2 colheres (sopa) da polpa de abacate (ou quantidade desejada), uma colher (sopa) de gérmen de trigo, uma colher (sopa) de gergelim preto, uma colher (sopa) de pólen de abelhas, adicione um copo de água e duas colheres (sopa) de extrato de soja ou um copo de leite desnatado. Após bater, ingerir imediatamente. Se quiser, pode adoçar com rapadura, mel, açúcar orgânico ou mascavo.

Para vitalidade sexual

Bater no liquidificador: Uma colher (sopa) da polpa de abacate, uma colher (chá) da planta *Tribulus terrestris* em pó e duas colheres (chá) de gergelim preto, adicionar água e, se quiser, pode adoçar com mel ou rapadura. Ingerir imediatamente. Inutilizar as sobras. Podem ser tomados um ou dois copos por dia.

Observação: Não deve ser utilizado por hipertensos, por quem teve câncer na próstata ou está com algum problema ligado a ela.

Aftas

Lavar bem algumas folhas de abacateiro, extrair o seu sumo e aplicar sobre as aftas. Deixar agir. Fazer 2 ou 3 aplicações por dia.

Cisto sebáceo

Misturar argila medicinal com o pó do caroço de abacate torrado e moído (em média 30% da quantidade da argila). Adicionar água, mexer bem e aplicar sobre a parte afetada. Deixar agir por cerca de uma hora e meia. Fazer aplicações diárias.

Dores de cabeça (qualquer tipo)

Fazer chá das folhas do abacateiro. Amornar e misturar com argila medicinal. Aplicar uma camada na testa e deixar agir. A dor cessará rapidamente.

Doenças das vias urinárias

O chá das folhas do abacateiro é um poderoso estimulante renal e diurético. Tomar uma xícara (chá) das folhas de abacateiro, 2 ou 3 vezes por dia, sob a forma de infusão. Utilizar uma colher (chá) das folhas para uma xícara de água, não adoçar.

Oleosidade da pele

Para equilibrar e restaurar, aplicar a parte interna da casca do abacate sobre as partes afetadas, por exemplo: rosto e pescoço, durante a noite. Na manhã seguinte lavar o local com água fria.

Pele ressecada

Aplicar a parte interna da casca de abacate nos locais afetados, como joelhos, cotovelos, calcanhar etc.

Falta de vitaminas do complexo B.

Bater no liquidificador de duas a três colheres (sopa) da polpa de abacate maduro, duas colheres (chá) de Levedo de Cerveja em pó, um copo de iogurte natural desnatado, ou água. Se quiser, pode adoçar com mel. Ingerir imediatamente.

Cabelos: Fortalecer, renovar, desvitalizados e hidratar cabelos secos.

Aplicar no couro cabeludo e nos cabelos a polpa de abacate maduro. Deixe agir por 20 a 30 minutos. Pode fazer de uma a duas aplicações diariamente.

ABACAXI

(Ácida)

Vitaminas presentes: A, B1, B2, B5 e C (ácido ascórbico). Sais minerais em 100 gramas: potássio 320 mg, cálcio 20 mg, sódio 16 mg, fósforo 7 mg e ferro 1 mg.

Por suas diversas variedades, solo em que foi cultivado, estado de maturação, irrigação, condições climáticas etc., esta fruta apresenta variações em seu teor de nutrientes e acidez. Grande parte dos nutrientes está presente na polpa. Seus principais ácidos são o cítrico e o málico, que representam cerca de 85% e 15%, respectivamente, e no metabolismo exercem ação alcalinizante. Há pessoas que, ao comerem o abacaxi, não se sentem bem, reclamam do surgimento de aftas, problemas na língua, azia, queimação etc. Para eliminar a acidez, coloque-o em pedaços dentro da travessa perfurada, encaixada na travessa lisa do aparelho de cozimento a vapor. Cozinhar por cerca de 30 minutos, retirar do fogo e está pronta para ingerir. A polpa estará totalmente sem acidez. Pode também adicionar açúcar orgânico ou mel e fazer uma excelente geleia de abacaxi.

O abacaxi é rico em uma enzima chamada bromelina, semelhante à papaína, que facilita a digestão das pessoas que têm insuficiência gástrica (hipocloridria). Ativa as células anti-inflamatórias e imunológicas. É diurética (evita acúmulo de líquidos), melhora a circulação, ajuda a deixar a barriga chapada. Evita diarreia. O seu suco adoçado com mel é também utilizado no combate às doenças do sistema respiratório, quando existe produção de catarro, nos casos de bronquite, pneumonia, gripe e sinusite, tem efeito expectorante e combate à tosse. Seu poder antioxidante ajuda contra a doença de *Alzheimer*.

Possui alta porcentagem de celulose que facilita a digestão das proteínas.

O consumo de abacaxi não é aconselhável para pessoas que apresentam excesso de ácido clorídrico no estômago (hipercloridria), úlcera gastroduodenal ou gastrite.

Indicações

Anemia

Centrifugar o abacaxi, ingerir um copo desse suco adoçado com melado de cana, 1 a 2 vezes durante o dia. Pode também bater o abacaxi com água no liquidificador na ausência da centrífuga.

Prevenção e combate à celulite

Centrifugar (é melhor) ou bater no liquidificador com água: uma fatia de abacaxi, meia maçã da casca verde e uma cenoura média. Ingerir imediatamente e sempre no período da manhã, isto é, entre 4 horas e 12 horas. Se quiser, pode coar. Não adoçar. Inutilizar as sobras.

Próstata, cálculos renais e vesiculares. Reduzir inchaço e inflamação da artrite.

Tomar o suco várias vezes por dia (de 2 a 4 copos), não adoçar.

Depressão, gripe, cansaço físico, para dilatar as artérias, tirar o frio do corpo

Ingerir um copo do seu suco puro (sem adoçar), de 2 a 3 vezes durante o dia.

Suco para limpeza dos rins

Este suco permite limpar os rins naturalmente.

Centrifugar 3 fatias de abacaxi e meio melão. Ingerir lentamente.

Suco contra artrite e reumatismo.

Centrifugar 3 fatias de abacaxi, 8 cerejas e 3 amêndoas descascadas. Ingerir lentamente.

Suco de abacaxi com hortelã: Combate problemas respiratórios, hipotensão (pressão baixa)

Bater no liquidificador 2 fatias de abacaxi com 6 a 8 folhas de hortelã e um copo de água. Em seguida coar e ingerir imediatamente. Se quiser, pode adoçar com mel. Ingerir um ou dois copos por dia.

Observação: Já conhecemos as qualidades do abacaxi. Com a adição da hortelã, este suco passa a conter mentol, que tem ação antibiótica e anestésica sobre as vias digestivas. O mentol também age como um estimulante. Este suco sem adoçar é também a pura clorofila líquida. Nos casos de hipotensão, preparar o suco e não adoçar.

Xarope contra bronquite

Colocar várias fatias (a quantidade que quiser) de abacaxi maduro e descascado dentro da travessa perfurada do aparelho de cozimento a vapor, encaixada na travessa lisa. Quando a água estiver fervendo, colocar as duas travessas dentro do fervedor, tampar o aparelho e cozinhar por cerca de 30 minutos, ou até a polpa do abacaxi não ter mais líquido. Em seguida apagar o fogo, deixar o extrato contido na travessa lisa esfriar e adicionar mel puro, na proporção de duas colheres (sopa) para meio litro do extrato de abacaxi. Mexer bem e colocar o conteúdo em um vidro esterilizado.

Um abacaxi médio faz aproximadamente meio litro do extrato.

Adultos: Ingerir uma colher (sopa) 3 ou 4 vezes durante o dia.

Crianças: Ingerir uma colher (chá) 3 ou 4 vezes durante o dia.

Hidropisia (acúmulo anormal de líquido no tecido celular ou em uma cavidade do corpo)

Ingerir durante o dia várias fatias de abacaxi, mastigando bem. Outra opção boa é ingerir durante o dia 2 ou 3 copos de suco de abacaxi sem adoçar.

Infecções da garganta

Centrifugar o abacaxi e fazer gargarejos com o suco puro. Ingerir também o suco do abacaxi (não adoçar).

Refrigerante natural de abacaxi

Centrifugar abacaxi com a casca. Outra opção é bater no liquidificador na proporção de 100 a 150 gramas da fruta para um copo de água e depois coar.

Se quiser adoçar, utilize mel (é melhor), ou rapadura, ou melado de cana ou açúcar orgânico.

Se quiser, pode adicionar limão ou laranja.

Geleia de abacaxi e hortelã

O que vai precisar: 3 xícaras (chá) de polpa de abacaxi picada.

1 xícara e meia (chá) de açúcar orgânico.

Uma colher (sopa) de folhas de hortelã lavadas e picadas.

Suco de 3 limões.

Como preparar

Bater no liquidificador o abacaxi picado e não coar. Colocar este suco dentro de uma panela e aquecer até o ponto de fervura. Juntar o açúcar orgânico e o limão, mexendo até o açúcar dissolver-se totalmente. Ferver até atingir o ponto de geleia (cerca de 20 minutos). Retirar do fogo, juntar a hortelã e colocar o conteúdo em um vidro quente e esterilizado.

Receita para emagrecer com abacaxi

Esta dieta deve ser feita somente por pessoas que estejam em perfeitas condições de saúde, não devem fazê-la pessoas com propensão a aftas etc. e outros problemas mencionados na *Observação* seguinte.

Durante um dia por semana você vai utilizar somente o abacaxi para alimentar-se da seguinte forma:

Ao sentir fome: comer abacaxi, inclusive com o miolo.

Ao sentir sede: beber suco de abacaxi, não pode adoçar.

No fim do dia você deve ter eliminado 2 quilos, porém no dia seguinte, por causa dos hábitos normais, deverá recuperar 1 quilo.

Fazendo esta dieta uma vez por semana, deverá eliminar 4 quilos em um mês.

Não pode fazer esta dieta por mais de um dia por semana.

Observação: Os portadores de gastrite, úlceras, gota e reumatismo, quem tem propensão a aftas e os que têm hipersensibilidade ao abacaxi, devem evitá-lo, pelo alto teor de ácidos cítrico e málico que a fruta contém.

Infecção urinária

Bater bem no liquidificador: uma fatia de abacaxi com o miolo e casca, uma colher (sopa) de sementes de abóbora secas no sol (sem sal), uma colher (sopa) de aveia em flocos e água.

Em seguida coar e adoçar com mel.

Ingerir um copo, duas vezes durante o dia.

ABIU

(Ácida)

Sua superfície é amarela. A polpa é gelatinosa e, em geral, de cor gelo, com sabor às vezes doce. O seu fruto maduro ou verde tem um látex que se coagula em contato com o ar e cola nos lábios.

Possui vitaminas B1, B2, B5 e C. Sais minerais: cálcio, fósforo e ferro, este em menor quantidade dentre os três.

Seus frutos ingeridos naturalmente são indicados contra pneumonia, bronquite, anemia e desnutrição e nos estados de convalescença.

ABRICÓ
(Semiácida)

Sinônimos: abricó-do-pará, abricó-selvagem, abricó-de-são--domingos. Possui vitaminas: A, B1, B2, B5 e C.

O abricó tem larga aplicação na medicina popular, especialmente no combate a cálculos renais, gota, ácido úrico, arteriosclerose (endurecimento das paredes das artérias), combate todo tipo de tumor, fortalece os dentes, previne a piorreia, hipertensão arterial e a deficiência de vitaminas B1 (tiamina) e C.

O fruto tem o tamanho de uma laranja. Sua polpa é da mesma cor da abóbora. O fruto é consumido ao natural, pode-se também fazer doce. Das suas sementes se extrai um azeite que, aplicado no couro cabeludo, evita a queda de cabelos.

Indicações

Seus frutos são indicados para os casos de cálculos biliares, arteriosclerose, hipertensão arterial, devendo ser ingerido ao natural.

Ácido úrico (hiperuricemia):
Ingerir a fruta várias vezes durante o dia.

Gota, hipertensão, piorreia, tumores em geral

Em forma de suco, ingerir de 2 a 3 copos por dia, ou em forma de refeição, ingerir de 3 a 5 vezes durante o dia.

ACEROLA
(Ácida)

Possui vitaminas: A, B1, B2, B5 e C (em maior quantidade). Sais minerais: fósforo, cálcio e ferro. Rica em mucilagens que, neste caso, hidratam os vasos capilares, carboidratos 7% e proteínas.

Veja a comparação entre acerola e laranja. Aqui consideramos 100 gramas, que equivale a 9 unidades de acerola e 1 laranja. A fruta tem aproximadamente 1.800 mg de vitamina C, quantidade bem superior que a encontrada na laranja, que é de apenas 54 mg. A vitamina C da acerola tem uma perda acentuada a partir do momento em que ela se desprende da planta. A necessidade diária de vitamina C em uma pessoa adulta é de 60 mg. Seu suco deve ser ingerido rapidamente, pois a vitamina C se dissipa imediatamente.

As maiores fontes de vitamina C em frutas são: camu-camu (é campeã no mundo vegetal), acerola, caju, manga (madura), goiaba branca e laranja.

A importância da vitamina C no nosso organismo é imensa. Ela é fundamental à síntese do colágeno. Fortalece todo o sistema imunológico e o organismo para defender-se do ataque de micro-organismos. É muito importante para os casos de depressão. Quem está com hipotireoidismo ou hipotiroidismo necessita também de vitamina C. Ela nos protege contra infecções, doenças inflamatórias, fortalece os vasos capilares e hidrata-os. A absorção do mineral ferro pelo nosso organismo e o equilíbrio e harmonia dos hormônios sexuais dependem da vitamina C. E o ácido fólico só é ativado quando o nosso organismo está nutrido de vitamina C.

Quem tem propensão a pedras nos rins não deve ingerir mais que 160 gramas dessa vitamina por dia.

Agora vejamos o comparativo com relação à vitamina A — que protege a nossa visão, afasta doenças como a cegueira noturna e outras da visão, cuja quantidade diária é de 900 microgramas para homens e 800 microgramas para mulheres — está assim distribuída: acerola — 80 microgramas, laranja — 20 microgramas.

Indicações

O consumo diário da acerola em forma de suco, quando ingeridos de 3 a 5 copos por dia, sendo um copo em jejum, ou ao natural, combate e previne: gripes, resfriados, doenças do fígado, reumatismo, diabetes, estresse, hemorragias, tuberculose, distúrbios hepáticos, hipotireoidismo, problemas pulmonares e celulite. É bastante utilizada pela medicina natural para os que sofrem de doenças degenerativas, devendo-se ingerir 400 a 600 gramas da fruta por dia em forma de suco ou ao natural, sem adoçar, e ter uma alimentação calcada em cima dos vegetais orgânicos crus ou cozidos somente no sistema a vapor. Tais medidas são armas poderosas no combate a tais patologias.

Rubéola e rosácea

Ingerir por dia de dois a três copos do suco de acerola.

Anemia

Ingerir por dia três copos do suco de acerola, misturado com melado de cana.

Anticoagulante

Ingerir acerola em cápsulas ou em forma de suco puro na proporção de três a cinco copos por dia.

Suco para fortalecer e ativar as defesas do organismo

Bater no liquidificador 100 gramas da polpa de acerola com água. Depois adicione de uma a duas gotas de própolis (é rico em enzimas) para cada quilo do seu peso. Ingerir no período da manhã ou à tarde.

Esta composição também retarda o envelhecimento, combate o câncer, acelera a regeneração dos tecidos, até mesmo nos casos de queimaduras.

Suco de acerola com óleo de copaíba para problemas respiratórios (bronquite, gripe, enfisema pulmonar, pneumonia e tuberculose)

Bater no liquidificador e ingerir: 10 frutos da acerola, adicionar água e uma gota de óleo de copaíba para cada 10 quilos do seu peso.

Observação: Enfisema pulmonar, aplicar diariamente argila verde nas costas, deixar agir por cerca de 90 minutos. A argila deve ser preparada com o chá morno da planta cipó-mil-homens.

AÇAÍ
(Doce)

Os frutos são mais valiosos que o palmito. Possuem óleos essenciais, ácidos orgânicos, proteínas, fibras, pigmentos e vitaminas A, B1, B2, B5, C e E. Sais minerais: potássio, cálcio, boro, cobre, manganês, ferro, fósforo e sódio. 100 gramas da polpa da fruta tem 245 calorias.

- Rico em flavonoides, um poderoso antioxidante que retarda o envelhecimento e reduz a destruição das células;
- Combate radicais livres (flavonoides que, no açaí, são um aliado das enzimas na captura dos radicais livres);
- Previne acnes e espinhas;
- Rico em fibras (100 gramas da fruta contêm 4 g de fibra);
- Previne e combate os distúrbios intestinais e a osteoporose;
- Melhora a circulação sanguínea;
- Rico em ferro, combate anemias e age no fortalecimento muscular;
- Rica em um antioxidante chamado antocianina, que combate altos níveis do colesterol, os radicais livres e a arteriosclerose.
- Possui micróglias, células que protegem o sistema nervoso e o cérebro contra degenerações.
- Atua eficazmente na prevenção e no combate do câncer.

Indicações

Para fortalecer a visão

Bater no liquidificador 100 gramas da polpa de açaí com uma colher (sopa) de semente de linhaça, adicionar um copo de água. Ingerir pela manhã, durante 15 a 20 dias. Inutilize as sobras.

Energético

Bater no liquidificador 100 gramas da polpa de açaí, uma banana, uma colher (chá) de guaraná em pó e uma colher (sopa) de aveia, adicionar água. Ingerir no período da manhã.

Anemia ferropriva (causada pela carência do mineral ferro)

Bater no liquidificador 100 gramas da polpa de açaí, uma colher (sopa) de farinha de folhas de mandioca secas ao sol, uma colher (sopa) de melado de cana e água. Ingerir um copo de 1 a 2 vezes por dia, por 20 dias.

Osteoporose

Bater no liquidificador e ingerir duas vezes durante o dia o seguinte suco: 100 gramas de açaí (na falta do fruto, pode utilizar uma boa polpa congelada), 10 gramas de amêndoa, um copo de água. Se quiser, pode adoçar com mel. Ingerir imediatamente. Inutilize as sobras.

A vitamina D é imprescindível no combate à osteoporose. Ela é sintetizada pelo próprio organismo após o estímulo dos raios ultravioleta. Esse nutriente no corpo aumenta a absorção de cálcio. Portanto, tomar banho de sol até às 10 horas e após as 16 horas por 15 minutos, é fundamental. Não esqueça de aplicar filtro solar antes de tomar o banho de sol.

Observação: Como prevenção e até para quem já está com esse problema, preparar toda a sua alimentação no sistema a vapor (não confunda o aparelho de preparar alimentos no vapor com a cuscuzeira), principalmente os legumes. Não prepará-los em hipótese alguma no sistema convencional, no qual eles são misturados com água, e por serem hidrossolúveis perdem todas as vitaminas e a maior parte dos seus minerais. Cuidado com o uso de hormônios sintéticos e o uso, por muito tempo, de anticoncepcionais, pois causam perdas de minerais e dificultam a sua fixação no organismo. Exagerar no consumo de proteínas acelera a excreção de cálcio pela urina. A substância cafeína presente no café, no chá preto e nos refrigerantes do tipo cola está associada ao aumento do risco de fraturas. A cafeína é prejudicial àquelas pessoas que tomam café em demasia, quem consome até 4 xícaras de cafezinho por dia não corre tais riscos. Cuide bem do seu esqueleto; comidas salgadas são prejudiciais. Seu excesso é um dos responsáveis pela desmineralização óssea e hipertensão. As frituras também contribuem para a desmineralização óssea. Lembre-se: ninguém nasce com osteoporose, ela pode ser adquirida no decorrer da vida alimentando-se erradamente. É muito importante comer certo desde cedo, ainda quando somos jovens, para que assim possamos garantir na maturidade ossos fortes e, evidentemente, a saúde.

Menopausa (combate os sintomas). Falta de libido (homens e mulheres), fortalecer o organismo

Bater no liquidificador 100 gramas da polpa de açaí, uma colher (chá) da planta maca em pó, uma banana, de uma a duas colheres (sopa) de aveia. Se quiser adoçar, utilize mel. Pode adicionar um copo de água. Ingerir imediatamente. Se houver sobras, inutilize-as.

Diabéticos, hipertensos e quem tem problemas coronários não devem fazer uso dessa fórmula.

AMEIXA

(Semiácida)

Temos conhecimento de quatro variedades de ameixa, que são: amarela, branca, vermelha e preta. Seu valor calórico em 100 gramas é: 89, 64, 53 e 42, respectivamente. As ameixas possuem carboidratos, proteínas, gorduras, vitaminas A, B1, B2, B5 e C. Sais minerais: potássio 205 mg em 100 gramas, além de fósforo, cálcio, sódio, magnésio, silício e ferro. Possui hormônios femininos. Fibras (pectina).

É laxante, anti-inflamatória, diurética, depurativa, alcalinizante e desintoxicante.

Ótima para combater hemorroidas, artrite, gota, reumatismo e nefrite (fruto ao natural como alimento), bem como o colesterol.

A ameixa fresca irriga o cérebro, melhora os sintomas da hipocondria. Para inflamações urinárias é melhor utilizar as ameixas-pretas.

Quando seca, aumenta a capacidade energética porque passa a conter 50% de açúcares.

Indicações

Ácido úrico

Ingerir de 2 a 3 copos por dia de suco de ameixa. Não adoçar.

Anemia ferropriva (causada pela carência do mineral ferro)

Comer ameixa seca irrigada com melado de cana.

Bronquite

Colocar ameixas na travessa perfurada do aparelho de cozimento a vapor e encaixá-la dentro da travessa lisa. Levar ao fogo e cozinhar por 30 minutos. Apagar o fogo, deixar a calda da travessa lisa esfriar, em seguida adicionar de 2 a 3 colheres (sopa) de mel para meio litro da calda e de 30 a 40 gotas de própolis para meio litro da calda.

Adultos: Ingerir uma colher (sopa) a cada 3 horas.

Crianças: Ingerir uma colher (chá) a cada 3 ou 4 horas.

Debilidade do cérebro, perda de memória

Bater no liquidificador três ameixas frescas, uma colher (sopa) de sementes de abóboras secas ao sol e sem sal, uma castanha do Brasil (antiga do Pará), um copo de iogurte natural ou água. Adoçar com mel e ingerir de um a três copos por dia. Deve-se sempre ingerir o primeiro copo pela manhã em jejum e alimentar-se 30 minutos depois. Diabéticos, não adoçar.

AMÊNDOA

(Oleaginosa)

Provavelmente seja a mais completa entre as castanhas. Sais minerais encontrados em 100 gramas de amêndoas: potássio 458 mg, cálcio 255 mg, enxofre 160 mg, cloro 38 mg, sódio 25 mg, magnésio 23 mg e ferro 5 mg, além de zinco e selênio.

Possui vitaminas: E (que regula os hormônios sexuais em homens e mulheres), A, C, B1, B2 e B5.

Nos homens facilita a formação de massa magra. E, quanto mais massa magra, maior a queima de gordura.

Nas mulheres evita o estoque das células gordurosas, o que promove perda de peso. Estimula a produção do leite materno.

Ômega 3, que estimula os hormônios, é anti-inflamatório e causa saciedade.

Rica em proteínas semelhantes as da carne bovina.

Indicada para diabéticos por possuir fibras, afasta a fome por mais tempo, é pobre em carboidratos, reduz o índice glicêmico da refeição da qual faz parte e ainda tem magnésio para regular o açúcar no sangue.

Combate o colesterol alto. É ainda mais eficaz contra triglicérides e gordura corporal.

Consumo: Ingerir triturada, bem mastigada ou em forma de leite.

Contraindicada para portadores de cálculos biliares.

O óleo de amêndoas é utilizado na prevenção de estrias, hidrata a pele e recupera os cabelos.

Indicações

Leite de amêndoas e seus benefícios

Bater bem no liquidificador de 100 a 150 gramas de amêndoas e 500 ml de água. Se quiser, pode adoçar com mel.

Benefícios: Favorece a produção e melhora a qualidade de leite materno. É mais rico em cálcio e vitamina C.

Esse leite contém: 21% de proteínas, 53% de lipídios, 17% de carboidratos, 3% de sais minerais, ácidos insaturados e vitamina E, que contribuem para reduzir o colesterol.

É rico em proteínas que são bastante completas, porque possui a maioria dos aminoácidos necessários para a vida.

A amêndoa possui magnésio. Esse mineral participa da estrutura óssea, é responsável por mais de 300 processos do matabolismo.

É também um ótimo alimento para a prevenção da osteoporose.

Não possui lactose nem é indigesto.

Anemia

Bater no liquidificador 100 gramas da polpa de açaí, de 3 a 5 amêndoas, uma colher (sopa) de melado de cana e adicionar água. Pode ingerir de duas a três durante o dia, sempre em espaços regulares.

Asma, azia (pirose), bronquite, convulsões, diurese e pneumonia

Ingerir dois copos do leite de amêndoa por dia.

Convulsão

Triturar 30 gramas de amêndoas e misturar com meio litro de água. Ferver por 5 minutos.

Adultos: Tomar quatro xícaras (chá) por dia.

Crianças: Tomar uma xícara (café) três vezes por dia.

AMENDOIM

(Oleaginosa)

É uma planta originária da América do Sul. Estudos indicam que foi descoberta inicialmente nos vales dos rios Paraná e Paraguai. As primeiras descrições do uso do amendoim revelam que os índios brasileiros foram os seus primeiros consumidores. O Brasil possui 80 espécies de amendoim.

No século 18, ele foi introduzido na Europa. No século 19 difundiu-se do Brasil para a África e do Peru para a China, Japão, Filipinas e Índia.

O amendoim é estudado e pesquisado no Brasil (Embrapa). Estudos preliminares e que agora estão sendo desenvolvidos com mais profundidade nos Estados Unidos revelam que seu óleo é superior ao Azeite de Oliva, possui proteínas superiores às da carne e, em termos de alimento, pode tornar-se superior e mais importante que a soja; só falta os estudos comprovarem (o que já se sabe).

Acelera o metabolismo em mais de 10%. A sua perfeita combinação de gorduras, fibras e proteínas da sua composição ajudam na sensação prolongada de saciedade, causando menos consumo de guloseimas. Comer 30 gramas (mastigar bem) garante uma saciedade de até duas horas. Outra forma benéfica nesse sentido é o consumo da sua manteiga.

Previne e combate doenças cardiovasculares. Possui ácido oleico (gordura monoinsaturada) que ajuda a reduzir as taxas de triglicérides e aumenta as do colesterol HDL, que é benéfico para a saúde. É rico em vitamina E que previne o câncer, doenças autoimunes e diabetes.

Aconselha-se não ingerir mais de 20 a 30 gramas por dia, e mastigar bem para poder ingerir. Antes de consumi-lo certifique-se de que o produto está bom. Ele não pode apresentar-se murcho, flácido ou deteriorado.

Possui ômega 3 e 6. Vitaminas do complexo B e E. Minerais: ferro, manganês, magnésio e cálcio.

O amendoim pode apresentar uma substância tóxica chamada aflatoxina, que é produzida por fungos, por causa do cultivo irregular ou armazenamento. Se ingerido nessas condições pode causar dores de cabeça, febre, náuseas, problemas no fígado. Essa substância é uma das responsáveis por candidíase.

Como se faz a Pasta ou Manteiga de Amendoim

Coloque para torrar a quantidade de amendoim que você quiser. Deixe no forno até que a casca comece a se desprender.

Esfregue os amendoins com as mãos para que a pele solte-se.

Em seguida bater no liquidificador ou processador até que se transforme em farinha.

Agora, coloque no processador duas xícaras de farinha de amendoim e acrescente duas colheres (sopa) de açúcar orgânico e meia colher (café) de sal.

Deixe processar até que se forme uma mistura homogênea. Com o tempo ela se transformará em uma mistura pastosa e úmida.

Observações:

Se você perceber que a pasta está grudando no fundo do processador, desligue-o, mexa com uma colher, e torne a ligá-lo.

Se desejar uma substância mais pastosa e quiser acelerar o processo, adicione de uma a duas colheres (café) de óleo.

AMORA

(Ácida)

O bicho-da-seda é quem gosta muito das suas folhas, inclusive faz delas o seu principal alimento. Os frutos da amora são doces e muito saborosos e agradam aos bichos como também às pessoas. Possuidora de tantas qualidades, esta árvore ainda não goza de um cartaz merecedor como uma planta terapêutica. Mas vejamos algumas de suas virtudes.

Possui 3 tipos: branca, preta e a selvagem.

Branca: frutos meio vermelhos. É utilizada na criação do bicho-da-seda (preferido).

Preta: flores amarelas e frutos negros, quando maduros. Esse tipo de amora é rico em quercetina, substância presente na sua polpa, que combate a ação dos radicais livres. Seu consumo regular em forma de suco ou ao natural afasta males como o enfarte, o derrame e o câncer. As folhas e os frutos possuem estrogênio.

Contém vitaminas A, B1, B2, B5 e C. Além dos minerais: potássio, fósforo, cálcio, sódio, ferro. Proteínas: suas folhas são ricas em pectina, tanino, ácido lático, resinas e elementos de pigmentação. Os frutos são ricos em quercetina, igualmente um antioxidante muito poderoso.

Os três tipos da fruta, inclusive suas folhas, frutas, raiz e casca são calmantes, diuréticos e hipotensores (regulam a pressão alta).

Indicações

Chá de folhas

Bom para diabetes e para o calor/fogacho (sob a forma de infusão, pode ingerir de duas a três xícaras durante o dia.

Reumatismo, gota, artrite, fibromialgia, para aumentar o colesterol bom (HDL), anemia, falta de apetite e úlceras no estômago.

Recomenda-se ingerir de dois a três copos do suco durante o dia.

Observação: Não devemos adoçar o suco com açúcar, pois essa mistura causa fermentações indigestas.

Afecções da garganta, rouquidão, inflamação das cordas vocais, gengivas e afecção da língua.

Ingerir suco da amora morno, adoçado com mel.

Aftas

Fazer bochechos de suco de amora morno com própolis.

Diurese

Ingerir de 1 a 2 xícaras (chá) das folhas e flores da amoreira. Fazer o chá sob a forma de infusão.

Hipertensão

Ingerir por dia de 2 a 3 xícaras (chá) das folhas de amora, fazer o chá sob a forma de infusão.

Receita para dor de dente

Usar 40 gramas de raiz fervida em meio litro de água. Deixe

ferver até que o líquido seja reduzido pela metade. Depois, amornar, filtrar/coar e então fazer bochechos.

Xarope contra tosse e inflamações da garganta

Esmagar bem amoras (de preferência pretas), recolher o suco em um recipiente de vidro e adicionar açúcar orgânico (2 xícaras de açúcar para cada xícara de suco). Aquecer em fogo baixo até que adquira consistência de xarope. Deixar esfriar, depois acondicionar em um vidro esterilizado. Fechar bem e conservar em local fresco e escuro. Tosse: Ingerir 1 colher (chá) do xarope diluído em uma xícara de água morna. Para garganta inflamada, diluir 2 colheres (chá) do xarope na mesma medida de água morna e fazer gargarejos.

Ondas de calor (fogacho)

Durante a fase de menopausa, a mulher sente ondas de calor, que inclusive a deixam às vezes depressiva, irritada etc.

O chá das folhas de amora tem contribuído bastante para amenizar tais problemas. Ele deve ser feito sob a forma de infusão, uma colher (chá) das folhas da planta para uma xícara de água fervente. Quando estiver com a temperatura de 35 a 40 graus, despejar a água fervente sobre a planta, deixar amornar e ingerir de uma a três xícaras do chá por dia. Não adoçar. Melhor ainda é o extrato líquido da amora. Aí temos um aproveitamento de todos os seus princípios ativos.

Inflamações da boca

Espremer bem um punhado de amoras. Em seguida, diluir o suco em um pouco de água mineral e fazer bochechos várias vezes durante o dia.

AVELÃ

(Oleaginosa)

É rica em gordura monoinsaturada, que é amiga do coração, e também uma fonte natural de vitamina E, que protege as células e fibras.

Vitaminas A, B1, B2, B7 ou B8 ou vitamina H (Biotina), B9 (ácido fólico).

Possui sais minerais, cálcio (100 gramas tem 249 mg), potássio, magnésio, zinco, ferro e fósforo.

É excelente para a formação dos tecidos. Promove ganho de massa muscular e força, previne enfermidades ligadas ao sistema urinário. Dela se obtém um leite de qualidades excepcionais e manteiga.

Consumir de 15 a 20 avelãs por dia equivale a uma refeição, pelo seu alto conteúdo de proteínas e gorduras do bem.

Por ser de alto valor calórico; o consumo em excesso causa ganho de peso. Salientamos que os produtos com gordura monoinsaturada, mesmo quando aquecidos, não perdem essa propriedade.

Avelãs contêm 17% de proteínas, 60% de lipídios, 14% de hidrato de carbono (carboidratos).

Fibras e vitaminas A, B1, B2 e C.

Pela alta quantidade de vitamina B1 e por possuir fósforo, é excelente contra as lacunas de memória, além de ter propriedades preventivas do aparelho urinário. Ótimo alimento para formação de tecidos, massa muscular e força. Mas deve-se mastigar muito bem, para facilitar sua digestão. Melhor ainda é ingeri-lo triturado. Obtemos também um leite de qualidades excepcionais e também manteiga. Consumir de 15 a 20 avelãs por dia equivale a uma refeição, pelo seu alto conteúdo de proteínas e gorduras.

100 gramas de avelãs possuem 680 calorias.

Indicações

Leite de avelã

Bater bem no liquidificador de 100/150 gramas de avelãs com 500 ml de água. Se quiser, pode adoçar com mel.

Renovar forças, revitalizar o organismo, remineralizar.

Bater no liquidificador 10 gramas de avelãs, uma colher (sopa) de pólen de abelhas e uma colher (sopa) de mel. Adicionar água. Ingerir sempre no período da manhã, uma vez por dia.

Melhorar a libido de homens e mulheres

Bater no liquidificador 10 gramas de avelãs, uma colher de chá de *Tribulus terrestris* em pó, uma colher (sopa) de aveia, adicionar água. Ingerir esse conteúdo duas vezes durante o dia.

Observação: Não fazer uso dessa receita homens com problemas na próstata e pessoas hipertensas.

BANANA
(Doce)

É um alimento de alto valor nutritivo, é energético e apresenta inúmeras propriedades medicinais. Pena que a maioria das pessoas não sabe como ingeri-la para, na verdade, usufruir de todos os seus benefícios.

Uma banana tem 21% de carboidratos, rica em proteínas. Sais minerais: potássio (100 gramas possui 400 mg), sódio, fósforo, cálcio, ferro, silício, enxofre. Vitaminas: A, B1, B2, B5, B6, B9 (ácido fólico), C e E. Fibras solúveis. Tem uma substância chamada triptofano que, no intestino, se transforma em serotonina. Nesse órgão é que se forma esse hormônio, responsável pela alegria e bem-estar. É por isso que a banana é também considerada um antidepressivo natural, desde que ingerida de maneira correta.

Ela possui também uma enzima chamada *bacilo acidófilo*, que combate todas as enfermidades intestinais. Preste atenção nesta informação: os resíduos alimentares, enquanto estão no intestino grosso aguardando a sua eliminação, desenvolvem processos degenerativos no nosso organismo. Isso causa doenças que vão surgir e que nós não podemos nem imaginar quais serão. As bananas são de vital importância, pois evitam esse processo, em poucos dias alimentando-se de bananas cruas ou cozidas no sistema a vapor (colocá-las com casca dentro da travessa perfurada encaixada na travessa lisa, cozinhar por cerca de 10 minutos, remover as cascas e ingerir quando estiverem de mornas para frias). Esta enzima é tão potente que, mesmo você parando de comer bananas hoje, ela predomina e continua agindo ainda por cerca de 3 dias. Devemos consumir bananas sempre maduras, pois assim todo o amido já se converteu em açúcar, o que a torna mais assimilável, e sempre ingeri-la uma hora antes das refeições ou duas horas depois.

Contrariamente ao que se crê, esta é uma fruta de fácil digestão e é indicada em casos de acidez e úlcera do estômago, em certas afecções do coração ou rins. Na verdade, a banana age como uma esponja no sistema digestivo, limpa e absorve os resíduos nele contidos. Para muitas pessoas a banana é indigesta. Isso ocorre por causa da presença de acetato de amila e tanino, que são indigestos para algumas pessoas. Preparadas no sistema a vapor, essas substâncias são eliminadas, mas os nutrientes são preservados, e imediatamente você vai perceber que não sentirá mais azia, peso no estômago, insônia etc.

A banana equilibra o pH do organismo. É recomendada em casos de gastrite, é preventiva natural de úlceras, evita diarreias, fortalece os vasos sanguíneos, regula os processos digestivos, funções do fígado e dos rins, ajuda a aliviar a síndrome pré-menstrual, na regularização do sistema nervoso, protege o coração. É eficiente no combate às doenças das vias respiratórias, principalmente contra tuberculose, asma e pneumonia. Nestes casos, quando as bananas são preparadas no cozimento a vapor, seus benefícios são mais potencializados. Por ser grande fonte de potássio, previne problemas como as cãibras e contrações dos músculos, além de ser um anabolizante natural.

A banana possui uma proteína chamada lectina, que é tão eficaz quanto alguns medicamentos utilizados contra o vírus HIV.

Uma das suas maiores virtudes, neste caso, é que a lectina age bloqueando a ação dos vírus antes que eles possam fixar-se nas células sanguíneas.

Uma banana média fornece cerca de um terço das necessidades diárias recomendadas de potássio (a banana-nanica tem maior concentração de potássio que as demais). Quando for dançar ou praticar esportes, leve sempre com você duas bananas, ingerir uma de 30 a 45 minutos antes e a outra no término da atividade. Esse hábito repõe o potássio perdido, pois o piscar de olhos já faz com que percamos potássio. Esse mineral é tão importante que nós e as árvores ficamos em pé em virtude de sua presença. Sem ele simplesmente não conseguiríamos formar uma única frase, e assim como as árvores, dobraríamos, isto é, não conseguiríamos ficar em pé.

O valor nutricional dos diversos tipos de banana

É semelhante, porém o valor calórico se diferencia bastante de acordo com sua variedade. Em média, 100 gramas de banana têm 80 calorias. A banana possui três tipos de açúcares: frutose, glicose e sacarose, substâncias que o corpo transforma em energia.

A sua polpa branca é saborosa e é um excelente alimento para crianças e idosos, assim como o inhame cozido no vapor, uma vez que tem grande poder antirraquítico. Em algumas regiões onde se cultivam, são consumidos em substituição ao pão branco, pois os valores nutricionais tanto da banana quanto do inhame são incomparáveis.

Observações:

a) Não se deve comer banana quando ela passar do ponto de madura (geralmente a casca encontra-se preta, a fruta apresenta-se bastante flácida e soltando líquido). Neste caso a banana é prejudicial à saúde, pois formaram-se vários tipos de álcoois;

b) Misturada com pão, trata-se de uma combinação errada, pois causa fermentações pútridas.

c) A casca pode também ser utilizada para engraxar sapatos. Basta aplicar a parte interna fresca sobre calçados de couro. Quando massageamos as pernas ou outras partes com a casca da banana (parte branca), hidratamos toda a região. Nas pernas, melhora a circulação e é um preventivo natural contra varizes. Também se faz um ótimo bolo da casca.

d) A banana-prata madura, em forma de papa, pode ser adicionada à alimentação infantil, a partir dos seis meses de idade.

e) A banana é um forte aliado para o desenvolvimento dos bebês, auxilia no seu crescimento, ajuda a criança no processo da dentição, massageando as gengivas e ensinando, isto é, dando noções no processo de mastigação.

Indicações

Gota, nefrite, gastrite, cãibra, colite, rinite alérgica e alergia

Comer de duas a três unidades ao dia maduras, ingeridas ao natural ou cozidas no vapor.

Pneumonia

Ingerir de 3 a 5 unidades por dia cozidas no vapor por 10 minutos (coloque as bananas dentro da travessa perfurada encaixada dentro da travessa lisa).

Queimaduras, nevralgia e varizes

Aplicar a superfície interna da casca fresca sobre as áreas afetadas, de 2 a 3 vezes por dia.

Hemorroidas

Seiva diluída em água, sob a forma de compressa. Aplicar de 2 a 3 vezes ao dia.

Aumenta a secreção do leite, energético, estimula a digestão, hipotensão (pressão baixa), previne gripe

Coloque de duas a três bananas com casca dentro da travessa perfurada e encaixe na travessa lisa do aparelho de cozimento a vapor, deixe cozinhar por cerca de 10 minutos, deixe ficar de morna para fria, remova a casca e semeie canela em pó sobre as bananas.

Pode ingerir várias vezes durante o dia.

Regulariza a função intestinal, previne câncer de intestino

Bater banana no liquidificador com iogurte e ingeri-la.

Doença celíaca (indigestão intestinal)

É combatida de maneira eficaz pelas enzimas presentes na banana. Basta ingerir a sua polpa várias vezes durante o dia e mastigue-a bem antes de ingeri-la. Se quiser pode também prepará-la cozida no vapor.

Por último, faça aplicações diárias de argila verde sobre todo o abdome (barriga), por 30 a 60 dias. Deixe agir por 60 a 90 minutos. Você terá uma agradável surpresa, pode crer.

Bolo de banana no vapor

O que vai precisar e como preparar: 4 bananas médias, 4 ovos, 4 colheres (sopa) de margarina ou duas colheres (sopa) de azeite e uma xícara e meia (ou um pouco menos) de açúcar orgânico.

Bater todos os ingredientes até ficar uma mistura homogênea, sem as bananas.

Em um recipiente à parte (tigela) peneirar uma colher (sopa) de fermento e duas xícaras (chá) de farinha de trigo e misturar bem. Adicionar em seguida o conteúdo do liquidificador, mexer bem até ficar uma massa homogênea e acrescentar as bananas totalmente cortadas em cubinhos pequenos (deixe para cortar e picar as bananas no momento de colocá-las na tigela, assim elas não oxidam).

Untar uma forma de bolo, pulverizar com farinha de trigo, colocar a massa da tigela, levar ao fogo do seu aparelho de cozimento a vapor quando a água do fervedor estiver fervendo. Cozinhar por cerca de 45 minutos. Apagar o fogo, retirar a forma de bolo, deixar o bolo esfriar um pouco e removê-lo, colocando-o em um prato. Deixar esfriar e degustar.

Falta de potássio

Ingerir 3 bananas por dia ao natural ou cozidas no vapor (após esfriar, adoçar com mel).

Problemas ligados ao pulmão

Ingerir bananas ao natural ou cozidas no vapor regadas com canela em pó.

Acalmar o sistema nervoso

Ingerir bananas ao natural ou cozida no vapor.

Hipertensão

A banana possui grande teor de potássio e baixo em sódio. Fator que a credencia como uma fruta indicada para controlar a pressão arterial.

Pode ingerir natural ou levemente cozidas no vapor de duas a três unidades durante o dia, se não for diabético.

Picada de insetos

Esfregar a casca (parte interna) sobre o local picado.

Úlcera no estômago

Ela contribui para neutralizar a acidez, reduz a irritação e protege o estômago.

Pode ingerir de duas a três unidades diariamente ao natural ou cozida no vapor.

Malefícios do tabaco

O potássio e o magnésio contidos na banana ajudam eficazmente o corpo a recuperar-se dos efeitos da retirada da nicotina, o que contribui para evitar recaídas.

Aumento da capacidade mental, nos deixar mais alerta

Quando ingerida antes dessas atividades proporcionam esses benefícios.

TPM

Devido à presença da vitamina B6 e do aminoácido triptofano, reduz a compulsão por doces, chocolate, controla a ansiedade e irritação, sintomas inerentes a TPM.

CACAU

(Semiácida)

O cacau natural, ou cru, possui vitaminas A, B1, B2, B5, E e C. Salientamos que a vitamina C é encontrada somente no cacau natural, ou seja, cru. Cacau processado não tem vitamina C.

Os sais minerais presentes no cacau são o magnésio (é um mineral alcalino), cromo, zinco, manganês, ferro, fósforo e cálcio.

Nele também existem proteínas, ômega 6, as substâncias Anandamida, triptofano, theobromina, cafeína, dopamina e Feniletilamina (PEA), além de ser um poderoso antioxidante.

Anandamida: É uma endorfina produzida naturalmente pelo nosso corpo depois de toda e qualquer atividade física, e, essa substância é liberada somente quando estamos em um estado de entusiasmo.

O cacau possui enzimas inibidoras que dificultam a capacidade do corpo neutralizar a Anandamida, portanto, quando comemos cacau natural, ingerimos a Anandamida que faz aumentar esse período de felicidade. O cacau é o único alimento que possui Anandamida.

Triptofano: É um aminoácido presente em vários alimentos. No nosso estômago ele se transforma em serotonina, que é o hormônio da alegria e do bem-estar.

Theobromina: É uma substância muito poderosa que atua no combate às bactérias, principalmente da *Streptococcus mutans* (que causa cáries dentárias), também protege o coração.

Cafeína: O cacau possui baixíssima concentração de cafeína. Se comparar ao café, ele possui 21 vezes menos.

Dopamina: Proporciona energia e disposição. Ela é produzida mediante o auxílio do aminoácido tirosina, que é encontrada nos alimentos que possuem triptofano.

Feniletilamina (PEA): Esta substância está diretamente relacionada com as hormonas associadas ao desejo e à paixão. O aumento da sua concentração no sistema nervoso central conduz à liberação de noradrenalina e dopamina, que são responsáveis pela nossa motivação e excitação. Essa substância age também como um anti-depressivo. O cacau natural ou cru é rico em Feniletilamina, e ela praticamente se perde ao receber calor acima de 40º.

Como antioxidante possui os polifenóis catequinas e epicatequinas. Na verdade, o seu valor neste sentido é superior ao vinho tinto, mirtilos, goji berry etc.

Catequinas: Destroem os radicais livres, combatem vírus, retarda o envelhecimento.

Epicatequinas: Protege contra o derrame e o câncer, fortalece o sistema imunológico e estimula a produção dos hormônios serotonina e endorfinas.

O suco de cacau é feito da polpa que envolve a semente; dela também se faz vinagre, geleia, vinho, iogurte, doces e sorvete. O suco tem sabor semelhante ao da graviola, acerola e cupuaçu. O cacau possui três tipos de açúcares: frutose, glicose e sacarose.

O chocolate é um alimento feito com base na amêndoa fermentada e torrada do cacau, que, por meio de uma combinação com leite, açúcar, gordura vegetal, glicose, sal, estabilizantes de ácidos graxos, conservantes etc., resultam em chocolate. Em geral o chocolate contém pouco cacau, mas já existe versões com maior quantidade dele. As versões escuras são mais saudáveis que o branco. Mas, perceba: chocolate é diferente do cacau.

Quem deseja comer chocolate não deveria fazê-lo por mais de 20 a 30 gramas por dia; ingerir chocolate em demasia pode proporcionar ganho de peso.

Para eliminar os efeitos de 100 gramas de chocolate precisaríamos: ou andar por 90 minutos, ou nadar por 60 minutos, ou correr por 60 minutos, ou praticar hidroginástica por 70 minutos, ou praticar sexo por 75 minutos.

A casca do cacau serve para alimentar bovinos, suínos, aves e peixes, além de fazer fertilizantes e álcool.

Indicações

Suco energético e vitalizante

Bater no liquidificador 100 gramas da polpa de cacau, uma colher (chá) guaraná em pó e um copo de água. Se quiser, pode adoçar com mel. Ingerir pela manhã. Inutilize as sobras.

Manteiga de cacau

É muito utilizada para combater as lesões provocadas pelo frio, sol, rachaduras dos lábios e mamilos.

Vinho de cacau com a planta Quina

Este vinho é um poderoso antianêmico, fortalece os nervos, os músculos, dá energia e vigor às pessoas cansadas, depressivas, deprimidas, e ainda proporciona o bom funcionamento do sistema digestivo.

Como preparar:

Junte 15 gramas de cacau em pó, 62,5 gramas de casca da planta Quina (picada), 20 gramas de uvas-passas pretas, 7,5 gramas de flor de sabugueiro.

Deixe todos os ingredientes macerando por 15 dias em um litro de álcool de cereais de 60º. Após esse tempo, filtrar o líquido em papel especial e colocar em uma vasilha, que não seja metálica ou plástica.

Adicione 2,5 litros de vinho tinto ou branco de ótima qualidade (o vinho tinto é melhor). Deixe a bebida descansar por mais 3 dias e depois acondicionar em garrafas esterilizadas.

Pode ingerir de um a dois cálices por dia antes das refeições.

Esta receita é simplesmente maravilhosa. Você vai perceber que em pouco tempo recuperará todas as energias, será outra pessoa.

Observação:

Pessoas que não podem consumir álcool, hipertensos, diabéticos e por quem tem problemas cardiovasculares, não podem fazer uso desta receita.

CAJÁ
(Semiácida)

O cajá é o fruto proveniente da Cajazeira *(Spondias mombin)*. É uma árvore que se encontra dispersa em regiões tropicais da América, África e Ásia. Ela sobrevive de forma silvestre, em modelos extrativistas.

No Brasil existem árvores com até 25 metros de altura. É encontrada principalmente nos Estados da Paraíba, Pará, Ceará, Bahia, Pernambuco e Alagoas.

Sinônimos: Cajá-verdadeiro, Cajá-mirim ou Taperebá.

Fruta que apresenta grandes benefícios para a saúde e de grande valor nutricional. Em sua composição encontramos fibras, cálcio, ferro e fósforo. Vitaminas A, B1, B2 e C.

Comercialmente não é melhor utilizada e explorada em virtude da falta de conhecimentos. Seu sabor é exótico; ela é encontrada ao natural, em forma de polpa, sorvetes, picolés, geleias, entre outras.

Para finalidades medicinais utilizamos suas folhas, flores, raízes e a fruta. O extrato das folhas possue taninos, que têm função antibactericida e antiviral. Age também contra desordens psiquiátricas e atrofia do coração, assim como o seu fruto.

Outros benefícios: combate a febre, é antidiarreica, conjuntivite, inflamações dos olhos, erisipela, hemorroidas.

Indicações

Casca (sob a forma de decocção):

Utilize uma colher (chá) da casca para uma xícara de água, deixe ferver por três minutos.

Hematomas e Erisipela: Beber o chá e fazer compressas geladas. Se quiser, pode utilizar com argila verde. Prepare a pasta e aplique sobre hematomas, pancadas ou erisipela, deixe agir por 60 a 90 minutos. Depois remova a argila durante o banho. O chá é também utilizado contra febres, diarreias, disenterias, hemorroidas.

Flores (sob a forma de infusão):

Inflamação dos olhos e conjuntivite. Fazer compressas com o chá frio externamente.

Em caso de conjuntivite pode também fazer uma pasta utilizando argila verde e o chá frio. Fechar bem os olhos e aplicar a pasta. Deixe agir por 45 a 60 minutos. Depois remova a argila dos olhos normalmente durante o banho.

Como tônico cardíaco, beber o chá, sem adoçar, de uma a três xícaras durante o dia.

Raízes (sob a forma de decocção):

Blenorragia (gonorreia) e Leucorreia (corrimento vaginal), Herpes.

Ferva um copo de água e uma colher (chá) das raízes por três minutos. Pode ingerir de duas a três xicaras (chá) por dia, sem adoçar.

Fruto: Em forma de suco (sem adoçar) ou ao natural:

Hipertrofia do coração, fortalecer o coração, febre, digestivo, vômitos, cólicas, cistites, uretrites, estimula o funcionamento dos rins. Pode ingerir de um a três copos do suco durante o dia.

CAJU
(Semiácida)

De um modo geral tanto o fruto (polpa) quanto a castanha de caju possuem as mesmas propriedades, mas é na castanha que se concentra o seu maior valor nutricional e propriedades medicinais. Para melhor esclarecer vamos diferenciar um do outro quando for necessário.

O caju é rico em proteínas, vitaminas A, E, B1, B2, B5, e C. A polpa é rica em fibras, e é nela que encontramos maior concentração de vitamina C, e quanto mais maduro mais vitamina C ele dispõe, assim como na goiaba e na manga. Um copo de suco com 240 ml supre as necessidades diárias de vitamina C. Como sabemos, esta vitamina é um potente antioxidante, e conforme estudos recentes desenvolvidos pela Universidade Federal Rural de Pernambuco, o caju só perdeu para a acerola no quesito ação antioxidante por conta da forte presença de polifenóis.

O fruto do caju amarelo tem 220 mg de vitamina C; e o vermelho, 280 mg da vitamina, por unidade.

Lembre-se: o suco tem que ser feito e ingerido imediatamente; após três minutos ele começa a oxidar-se. Se quiser adoçar opte por mel ou rapadura ralada. Outro detalhe: sucos de caixinhas nada têm haver.

Sais minerais da polpa de caju: fósforo, cálcio e ferro. Ele é constituído também de importantes aminoácidos: Leucina, metionina, prolina, alanina, trionina, cistina, cisteína, serina, ácido aspártico, resina, asparagina, histidina e arginina. Com exceção da vitamina C, as demais vitaminas e sais minerais se concentram em maior quantidade na castanha.

Seus frutos em forma de suco (sem adoçar, um copo de 3 a 5 vezes/dia) ao natural são ótimos no combate a diabetes, eczema, fibromialgia, reumatismo, e na falta de vitamina C.

Outra grande virtude e importância da vitamina C é que tem ação protetora reconhecida contra a ação tóxica crônica do etanol, nicotina e monóxido de carbono.

Castanha de Caju

Possui fibras. É rica em proteínas, em 50 gramas de castanha ela possui 9,5 g de proteínas, convenhamos é excelente e os atletas adoram.

Possui também alta concentração de vitamina E, essa vitamina é um antioxidante que evita o envelhecimento precoce. Vitaminas B1 (tiamina), B3 (niacina) e B17 (rara em alimentos, de suma importância na prevenção do câncer), além de Ômega 9 (ácido oleico).

Os minerais: potássio, ferro, fósforo, magnésio, zinco, cobre.

Os aminoácidos: leucina, metionina, prolina, alanina, trionina, cistina, cisteína, serina, ácido aspártico, asparagina, resina, histidina e arginina. Inclusive possui o aminoácido *argimino,* que se converte em *óxido nítrico.* Esse ácido alarga as artérias, diminui a pressão sanguínea e auxilia no controle da hipertensão. Transporta oxigênio pelas células do sangue, dessa forma combate o cansaço e a falta de concentração.

Em virtude da presença de gorduras monoinsaturadas (mais abundante) e poliinsaturadas, regula o nível de colesterol no sangue e aumenta os níveis de HDL (o bom colesterol).

A castanha é formada por fitoquímicos e fitoesteróis, elementos anticancerígenos que diminuem a formação de coágulos no sangue e protege o coração.

Consumir de forma natural (a castanha crua e sem sal). Uma unidade tem em média 2,5g de gorduras e possui 14 kcal. O ideal é não consumir mais de 20 gramas por dia.

Indicações

Prevenção e combate a osteoporose

Cozinhe duas xícaras de brócolis no vapor (máximo cinco minutos) e misture com 7 castanhas de caju trituradas. Pode comer de duas a três vezes durante a semana.

Calos e verrugas

Das castanhas se extrai um óleo que é utilizado com grande eficácia (uso externo) sobre verrugas e calosidades. Aplique o óleo no local afetado de duas a três vezes durante o dia e deixe agir naturalmente.

Para fortalecer o sistema imunológico

Ingerir um copo de suco de caju pela manhã. Mastigar bem e ingerir 5 unidades da castanha durante o dia.

Diabetes

Ferver uma colher (sopa) de cascas do caule em 1 xícara (chá) de água. Tampar, deixar amornar e coar. Tomar duas xícaras (chá) por dia, pela manhã e no começo da tarde.

Diabetes, eczema, reumatismo, escorbuto (falta de vitamina C)

Ingerir de dois a três copos de suco da polpa por dia.

Cicatrizante

Aquecer folhas novas do cajueiro e colocar sobre as feridas, em seguida cobri-las com argila verde preparada com o chá frio das folhas do cajueiro, deixe agir por cerca de 60 a 90 minutos. Pode fazer de uma a duas aplicações por dia, que promove a cicatrização.

Psoríase e alergias de pele

Tomar durante o dia 4 copos de suco natural de caju, diluído em água, adoçado com uma colher (sobremesa) de mel.

Urina solta

Prepare chá das folhas e/ou raízes do cajueiro. Pode tomar de duas a três xícaras (chá) por dia.

Tosse

Ingerir suco de caju adoçado com mel de abelhas Jataí. Pode tomar de dois a três copos durante o dia.

CAMU-CAMU

(Ácida)

No Brasil essa fruta é encontrada principalmente nos Estados do Amazonas, seu maior produtor, e, em menor escala, no Pará e em São Paulo.

É a maior fonte natural do planeta em vitamina C (ácido ascórbico) que se tem conhecimento.

Em 100 gramas da polpa contém cerca de 2,8 g de vitamina C. Na casca da fruta a concentração é ainda maior; para cada 100 gramas existe cerca de 4 g.

Outras vitaminas encontradas: B1 (tiamina), B2 (riboflavina) e B3 (niacina).

Em sua composição encontra-se também a presença muito forte de um antioxidante que combate os radicais livres chamado antocianinas. Muitas frutas possuem esse pigmento, que tem como uma de suas principais funções protegê-las da ação dos raios ultravioletas, proporcionando-lhes uma coloração escura.

Na fruta também encontramos os minerais potássio, ferro, fósforo e cálcio. Os aminoácidos: Alanina, fenilalanina, prolina, serina, treonina e valina, além de Proteínas e fibras.

Indicações

Fortalece o sistema imunológico, estimula o sistema cardíaco, anti-inflamatório; poderoso coadjuvante no tratamento do câncer de mama, na eficiência de vitamina C, prostatite.

Modo de preparo:

Juntar em um litro de água 50 g de polpa. Bater no liquidificador e adoçar preferencialmente com mel.

CAQUI

(Doce)

É uma fruta vermelha, muito saborosa, rica em nutrientes e, acima de tudo, com propriedades medicinais incríveis que você descobrirá em sua doce e carnuda polpa.

Possui vitaminas A, B1, B2, B5 e C. Sais minerais: fósforo, potássio, cálcio, sódio e mucilagens. Proteínas e fibras.

A pele do caqui pode ser ingerida naturalmente, pois é nela que estão contidas as fibras e a vitamina C. Lavá-los bem, lembrando que só devem ser lavados no momento em que formos ingeri-los; caso contrário, azedam. Existem variedades que, ao comermos, "travam" na boca. Isso se deve ao grande teor de tanino. 100 gramas de caqui têm 78 calorias.

O caqui tem licopeno, um pigmento vermelho de muita importância para a saúde porque previne o câncer de próstata. Essa substância é também encontrada em maiores concentrações em alimentos como a goiaba vermelha madura, na melancia com sementes (tem maior concentração), no tomate, no pólen de abelhas etc.

Essa fruta tem propriedades calmantes, vermífugas, antianêmicas e laxativas. Combate gastrite. Previne problemas do fígado, melhora as vias respiratórias, um alimento excelente no restabelecimento de tuberculosos, desnutridos e descalcificados.

Age beneficamente sobre os dentes, pele, olhos, unhas, cabelos e na defesa do organismo.

Ingerir de 3 a 5 unidades durante o dia ao natural ou em forma de suco (sem adoçar). Prepará-lo somente com mel, uma hora antes das refeições ou duas horas depois, é sinal de que as doenças estarão bem distantes de você. Diabéticos não podem utilizar o mel.

O caqui é um alimento muito importante para a mulher durante a gravidez, em virtude de sua combinação perfeita de minerais e vitaminas. Ela terá uma fase tranquila durante o período de gestação, e o seu filho será verdadeiramente diferenciado se, desde o início da gravidez, habituar-se a ingerir, também, diariamente, uma colher (chá) de gergelim preto que pode ser misturado com sucos ou vitaminas. É importante saber que ele deve ser triturado no momento em que for ingerir e pode adicionar com sucos ou vitaminas.

Vitamina A: é indispensável à boa visão, conserva a saúde da pele, auxilia no crescimento, evita infecções, atua beneficamente no sistema nervoso e vias respiratórias e ajuda na formação do esmalte dos dentes. A complementação de vitamina A encontrada em remédios (sintética), além daquela consumida naturalmente, deve ser cuidadosamente acompanhada por um profissional da área médica, pois a superdosagem (excesso de vitamina A) pode causar sérios prejuízos à saúde. Os sintomas principais são: pele seca, perda de cabelos, pigmentação cutânea anormal, inapetência.

Vitamina B1: é um tônico cardíaco e regula a capacidade mental, é por isso que a falta dela diminui a capacidade mental (o álcool é o maior destruidor de vitamina B1 no nosso organismo); ajuda também a regular o sistema nervoso e o digestivo.

Vitamina B2: é importante para o metabolismo e funções orgânicas do fígado e coração. O consumo é importante, pois evita distúrbios oculares como catarata e glaucoma (também em conjunto com as vitaminas A, B1, C e a celulose, todos encontrados no caqui); evita ainda a queda de cabelos.

Vitamina B5: atua no crescimento, sistema nervoso e cerebral, mantém o bom desempenho do sistema digestivo, atua na circulação sanguínea, reduz o nível de colesterol do sangue, é necessária ao metabolismo das gorduras, proteínas e açúcar, combate o mau hálito, é necessária para o metabolismo do enxofre.

Vitamina C: indispensável aos ossos e gengivas. Auxilia na função glandular, combate infecções, fortalece o sistema imunológico, evita a formação de nitrosaminas (substância que causa câncer) etc.

Enfim, se você souber utilizar essa importante fruta, muitas necessidades diárias de vitaminas, principalmente a A e outros nutrientes, serão supridas ao ingerir o caqui.

Indicações

Azia

Comer de 3 a 5 caquis, 3 vezes durante o dia, ou ingerir o seu suco.

Beleza e saúde

Um excelente tratamento para a beleza e saúde é comer 3 caquis maduros por dia ou ingerir o suco da fruta (lembre-se sempre: uma hora antes das refeições ou duas horas após). Com certeza, vai garantir para você cabelos brilhantes e um rosto aveludado.

Cãibras

Comer de 3 a 5 caquis por dia, uma hora antes das refeições ou 2 horas após. Paralelamente ingerir duas colheres (sopa) do

Vinagre Natural de Maçã por dia. Pode também comer 2 a 3 bananas.

Cistite (inflamação da bexiga)

Comer de 3 a 5 caquis, 3 vezes durante o dia.

Diabetes

Fazer chá das folhas de caqui: um punhado das folhas (secas ou verdes) para uma xícara de água fervente. Despejá-la sobre as folhas de caqui, tampar e deixar em infusão por 10 minutos. Ingerir quando estiver de morna para fria uma xícara (chá) 2 ou 3 vezes durante o dia. Não adoçar.

Insônia, náuseas e vômitos

Ferver uma xícara de água com um pedaço de gengibre (1 cm x 1 cm) de 3 a 5 minutos.

Em outro recipiente, colocar um punhado de folhas de caqui (verdes ou secas) e despejar o chá de gengibre sobre as folhas de caqui.

Deixar descansar por 10 minutos, em seguida adoçar com mel e ingerir uma xícara 30 minutos antes de deitar-se.

As folhas de caqui possuem vitamina C, é por esse motivo que suas folhas não podem ser fervidas, pois assim toda a vitamina C se perde para o excesso de calor da água durante a fervura.

Receita para prisão de ventre

Preparar um xarope bastante denso com 1 quilo de açúcar orgânico e ¼ de litro de água. Juntar o suco e as cascas de 1 limão. Depois, colocar em uma panela 2 quilos de caqui maduros, sem a pele e sem as sementes. Despejar sobre as frutas o xarope do limão e cozinhar por 20 minutos. Quando esfriar, estará pronto. Adultos: ingerir de 1 a 3 colheres (sopa) durante o dia.

Vinagre Natural de Caqui

Benefícios: Câncer de mama, de próstata, insônia, problemas respiratórios.

É feito usando o mesmo procedimento com que fazemos o Vinagre Natural de Maçã. Só vamos substituir a maçã pelo caqui.

No livro *Os Vegetais,* ensinamos a preparar o Vinagre Natural de Maçã (página 119).

CARAGUATÁ

(Ácida)

Fruta encontrada na Mata Atlântica, principalmente em São Paulo, Minas Gerais, e em outros Estados brasileiros. Seu nome provém do Tupi-Guarani. É também conhecida como Gravatá ou Croatá.

Em sua composição existem as vitaminas B1, B2, B3 e C.

Sais Minerais: Cálcio, ferro e fósforo, além de fibras e proteínas.

É indicada para tratamento das vias respiratórias, principalmente em casos de tosse, bronquite, asma. É também expectorante. Em afecções da mucosa da boca é utilizada contra aftas e feridas. É emoliente e vermífuga.

Indicações

Tosse, bronquite, afecções do aparelho respiratório, vermes

Corte a fruta em quatro fatias e junte com uma xícara (chá) de água. Deixe ferver em fogo baixo por cinco minutos.

Depois, amasse bem os frutos, coe e adicione uma xícara (chá) de açúcar orgânico. Retorne ao fogo, deixe em fogo baixo até o açúcar ser dissolvido. Se quiser, pode colocar alguns pedaços de canela.

Como consumir:

Adultos: Uma colher (sopa) de duas a três vezes durante o dia.

Crianças: Uma colher (chá) de duas a três vezes durante o dia.

Aftas e feridas bucais

Despeje uma xícara de água fervente sobre uma colher (sopa) das folhas picadas. Deixe em descanso por 15 minutos.

Deixe esfriar, coe e adicione 5 gotas de própolis.

Faça bochechos de três a cinco vezes durante o dia em espaços regulares.

CARAMBOLA

(Semiácida)

É uma fruta de origem indiana.

Vitaminas: A, B1, B2, B5 e C. Sais minerais: fósforo, potássio, cálcio e sódio, além de fibras, grande teor de proteínas e ácido oxálico.

Das frutas é a que tem maior concentração de fósforo (fornece energia para os músculos e nervos). Quem faz uso bastante de antiácidos (tratamentos contra má digestão, gastrite e úlcera) pode ter carência desse importante mineral. O seu suco combate a disenteria, é antifebril, diurético e hipotensor. Sem adição de açúcar, é um verdadeiro refrigerante, que também combate a celulite e a flacidez.

O fruto natural é excitante do apetite. As folhas atuam mais como diurético, hipotensor, atuando em eczemas, afecções dos rins e da bexiga.

O consumo de carambola por longo período e em grandes quantidades pode causar o surgimento de pedras nos rins (litíases), por causa da presença do ácido oxálico. Essa fruta não deve ser consumida por diabéticos e por quem tem insuficiência renal, ou qualquer problema ligado aos rins, em consequência do alto teor de proteínas.

A carambola apresenta os 5 elementos que são como o estado da matéria. Eles aparecem sempre combinados e de maneira inseparável na Natureza: Água, Ar, Terra, Fogo e o Éter, que constituem toda a matéria existente no Universo, o Macrocosmos.

- a **Água** representa o estado líquido;
- o **Ar** representa o estado gasoso;
- a **Terra** representa o estado sólido, o mais denso dos elementos;
- o **Fogo** representa o poder de mudar o estado de qualquer substância;
- o **Éter** é a grande matriz, o elemento que, ao mesmo tempo, é a fonte de todos os outros e o espaço no qual eles existem.

CASTANHA DE BARU

(Oleaginosa)

O Baru é uma árvore do cerrado e matas de terrenos secos brasileiros, da qual provém essa castanha.

Do baruzeiro aproveita-se a polpa para fazer geleia.

A castanha só deve ser consumida torrada. Dessa forma se obtém um melhor aproveitamento de seus nutrientes e evita-se a ingestão de fungos.

O seu sabor assemelha-se a castanha de caju e ao amendoim. O Baru é considerado como o Viagra do cerrado.

Em 100 gramas contém 502 calorias. 24 g de proteínas, 14 g de fibras, 827 mg de potássio, 358 mg de fósforo, 178 mg de magnésio, 140 mg de cálcio, e outros minerais como ferro, cobre, manganês e zinco.

Vitaminas e Ômega 6 (ácido linoleico) que previnem hipertensão e ômega 9 (ácido oleico) que inibe a produção excessiva de cortisol, com consequente diminuição do acúmulo de gordura abdominal.

A castanha de baru é indicada para casos de anemia em virtude do grande teor do mineral ferro. Já o mineral zinco é necessário à maturação do esperma e a fertilização dos óvulos. É também de grande valor proteico e um potente energético.

Pode ingerir 20 gramas por dia. Precisa ser ingerida torrada. Se ingerir crua, causa intoxicação e pode lesionar a pele.

CASTANHA DO PARÁ/ BRASIL

(Oleaginosa)

Agora também conhecida como Castanha do Brasil, e em boa parte do exterior conhecida como Noz Brasileira, é rica em proteínas e possui fibras. Vitaminas: A, B1, B2, B5, C e E. Sais minerais: selênio, zinco, fósforo, cálcio, ferro e iodo.

A castanha-do-Brasil ou do Pará estimula a secreção de leite materno. É também muito indicada em regimes alimentares, principalmente os vegetarianos, por estimular a síntese de proteínas no organismo.

Possui uma proteína rara, a excelsina, que é considerada completa como a lactoalbumina, a caseína e outras que pertencem ao reino animal (proteínas do leite).

Protege o sistema endócrino, contribui para o perfeito funcionamento e equilíbrio da glândula tireoide, indicada inclusive para pessoas que não tem esta glândula. Combate a anemia, desnutrição, ótima para memória fraca. Em virtude da presença dos minerais zinco e selênio, aliados a sua perfeita composição, é um alimento eficaz para proteção da próstata. Basta comer uma unidade diariamente.

Observação: O selênio é um mineral muito importante, previne e combate o câncer de próstata e dos pulmões, doenças cardíacas, catarata, degeneração macular, herpes, lúpus, age contra o envelhecimento precoce, fortalece o cérebro e previne o surgimento de tumores. É também necessário para o crescimento e para a absorção de iodo no metabolismo dos hormônios da tireoide.

O consumo diário de uma unidade já supre as necessidades diárias do organismo. Recomenda-se a um adulto não ingerir mais de uma unidade por dia. A ingestão de grandes doses de selênio por dia, isto é, quantidades acima de 400 microgramas, pode ser tóxica, e causar dor de cabeça, queda de cabelos, unhas fracas e quebradiças.

Outros alimentos que contêm selênio: feijão, gérmen de trigo, peixe, ovo, cupuaçu etc.

Indicações

Para fortalecer as funções cerebrais, debilidade, memória fraca e tuberculose.

Ingerir de uma a duas unidades por dia. Pode adicionar a sucos e vitaminas.

Suco previne e combate os problemas da próstata

Bater no liquidificador goiaba vermelha, em seguida coar. Retornar o suco sem as sementes para o liquidificador, adicionar uma colher (sopa) de pólen de abelhas e de uma a duas castanhas-do-pará, tornar a liquidificar e ingerir imediatamente.

Observação: Pode-se substituir a goiaba vermelha pela polpa de melancia, caqui.

Inchaço dos dedos e outras partes (por deficiência da glândula tireoide)

Diariamente mastigar bem uma unidade da castanha e ingerir.

CEREJA
(Semiácida)

Suas vitaminas são: A, B1, B2, B5 e C. Sais Minerais: potássio 213 mg. Em 100 gramas: fósforo, sódio, cálcio, enxofre, silício, magnésio, cloro e ferro, além de proteínas 0,6%, amidos e açúcares 15%.

Tanto em forma de suco quanto ao natural, a fruta é ótima para reumatismo, gota, nefrite, anemia e arteriosclerose.

Cerejas, amoras, uvas, maçãs e framboesas são ricas de uma substância chamada quercetina, que combate a ação dos radicais livres. O seu consumo regular afasta males como o enfarte, o derrame e o câncer. As cerejas mais negras, normalmente as mais doces, contêm mais ferro, potássio e magnésio do que as variedades mais claras. Porém, todas as variedades contêm vitamina C e flavonoides, uma substância com poder antioxidante, o que significa que as cerejas ajudam a combater o envelhecimento e a fortalecer o sistema imunológico.

São altamente purificadoras do humor, desinfetam o intestino e mineralizam o sangue. Combatem prisão de ventre, estimulam a digestão e as funções do pâncreas, além de terem propriedades diuréticas. O seu sumo ajuda a diminuir a febre.

Muito aconselhável em doentes que sofram de uricemia (estado mórbido provocado pela acumulação de ácido úrico no sangue), artrite e gota, pois são excelentes neutralizantes do ácido úrico, uma vez que contêm ácido salicílico.

Ótima para o crescimento das crianças, por causa da quantidade de sais minerais e do alto teor de vitaminas que estimulam todos os processos de desenvolvimento e crescimento.

Não se deve ingerir água logo após o seu consumo. O ideal é ingerir água 1 hora após, pois senão haverá fermentação em consequência da grande presença de açúcar, e também por retardar a assimilação dos seus nutrientes.

Conservá-las bem geladas retarda a perda de vitaminas e as mantêm frescas. Devem ser lavadas somente momentos antes de ingeri-las, pois apodrecem rapidamente.

Indicações

Artrite, fibromialgia, gota, reumatismo, doenças das vias urinárias

Ingerir 3 copos do seu suco puro diariamente, uma hora antes das refeições ou 2 horas após.

Febre

Tomar um copo do suco puro várias vezes durante o dia.

Suco para harmonizar o sono

A cereja é uma fonte natural de melatonina. Esse hormônio, entre outras funções, regula e harmoniza o sono. Recomenda-se comer ou ingerir em forma de suco, uma hora antes de deitar-se. Se quiser, pode adoçar o suco com mel.

COCO

(Oleaginosa)

A água de coco um pouco gelada mata a sede e afasta o mal-estar causado pelo calor. Mas fique sabendo que ela possui virtudes superiores a essas. Conheça agora muitas dessas virtudes. Aprenda a usá-la em favor da sua saúde e, com certeza, nunca mais você a abandonará.

Sais minerais da água de coco: potássio, cálcio, ferro, enxofre, silício, fósforo e magnésio, cloro, sódio. Vitaminas: A, B1 (tiamina), B2 (riboflavina) e B5 (niacina), C e E.

A água de coco é rica em potássio e outros minerais. Ela pode ser capaz de retirar o excesso de água do organismo sem alterar a taxa de potássio, como fazem os diuréticos naturais e outros. Combate a hipertensão, purifica o sangue, combate a amebíase intestinal, a arteriosclerose, acalma os nervos, fortalece os pulmões e funções cerebrais, diminui o inchaço nos pés, nas mãos e até mesmo o colesterol. Melhora a saúde da pele. Quando ingerida regularmente é um preventivo natural contra as rugas, sua água é eficaz no combate a todas as enfermidades da bexiga, bastando ingerir pelo menos um copo por dia desse hidratante natural.

O coco verde tem mais água que o maduro e sua polpa é tenra. A água do coco maduro não é indicada para as pessoas com problemas cardíacos e que tenham alta taxa de colesterol no sangue. 100 gramas de coco maduro fornecem 268 calorias, enquanto a água fornece 23 calorias. Como alimento, seu valor é inegável. Possui nutrientes até superiores aos da carne, ovo, queijo, leite, pão etc. A água de coco possui substâncias que se assemelham ao leite materno.

Por se um purificador natural do sangue, essa água é ótima para as pessoas que fazem uso de remédios fortes como os antibióticos, antiinflamatórios (principalmente os corticoides (cortisona) que fazem o organismo reter água) e hipotensores. Quem sofre com cãibras, reumatismo, fibromialgia, artrose, osteoporose e má circulação deve constantemente beber a água de coco.

No nordeste brasileiro é comum encontrar um tipo de coco da casca amarela. A água deste tipo de coco é indicada para tratamento de Hepatite, que é combatida de forma eficaz ingerindo também o Vinagre Natural de Fruta Maçã (não confunda este tipo de vinagre com o vinagre comum).

Dentre as gorduras vegetais, a de coco é a que possui mais gordura saturada. Evite-a! Com certeza não é uma boa, ela desenvolve a arteriosclerose.

A carne (polpa) do coco é um alimento muito rico em nutrientes, pois contém 30% de gorduras, 18% de carboidratos e 7% de proteínas, além possuir boa quantidade de fibras. A falta de fibras pode estar ligada a problemas como hérnia de hiato, apendicite, diverticulite, hemorroidas, prisão de ventre etc.

O óleo de coco combate os vermes intestinais, quando ingerido pela manhã em jejum, e também fortalece o sistema imunológico.

Indicações

Prisão de ventre

Ingerir água de coco misturada com o suco de um pedacinho de gengibre.

Anemia

Ingerir a polpa de um coco verde misturada com uma colher (sopa) de melado de cana.

Dermatoses, queimaduras e hipertensão (para baixar a pressão).

Ingerir de dois a três copos de água de coco por dia.

Corrimento vaginal

Beber de dois a três copos de água diariamente por 30 dias.

Evitar queda de cabelos e promover o seu crescimento.

Beber água de coco e ingerir a polpa.

Tosse crônica

Fazer um pequeno orifício em um coco verde e colocar duas colheres (sopa) de um bom mel.

Tampar bem o orifício e deixar o coco em banho-maria por 30 minutos, ou até que a polpa se dissolva por completo.

Abrir o coco e tomar uma colher (sopa) do seu conteúdo de 3 em 3 horas.

Enjoo ou náusea

Ingerir um copo de água de coco várias vezes durante o dia.

Rugas, combater marcas de expressão, rejuvenescer.

Ingerir de 1 a 2 copos da água do coco verde por dia.

Embeber um algodão em Vinagre Natural de Fruta Maçã e aplicar em todo o rosto diariamente. Deixar agir no mínimo por 20 minutos.

Aumentar a fertilidade do homem e da mulher.

Água de coco verde: Ingerir diariamente de dois a três copos. Possui vitaminas e sais minerais indispensáveis nesse processo.

Composto alimentar:

Bater no liquidificador: uma colher (sopa) de pólen de abelhas, uma colher (sopa) de semente de linhaça (não pode usar linhaça moída), duas colheres (sopa) de extrato de soja, uma batata (média) yacon (com a casca), lave-a bem e um copo de água ou a quantidade que desejar. Beber um copo por dia ou em dias alternados antes de deitar-se. Se quiser adoçar, utilize somente mel.

Frutas indicadas: Ingerir frutas ricas em vitamina C. Elas agem no metabolismo do ácido araquidônico, que é exatamente a substância-mãe das prostaglandinas F2 Alfa e E2, de vital importância no campo da reprodução humana.

Fontes de vitamina C em algumas frutas. Tomando como base 100 gramas da fruta.

Caju vermelho = 274 mg

Caju amarelo = 220 mg

Uvaia (ou uvalha) = 200 mg

Fruta-do-conde (pinha, ata) = 128 mg

Manga madura (em média) = 90 mg

Goiaba branca = 81 mg

Goiaba vermelha = 46 mg
Uva = 4,80 mg

Outros alimentos indicados em virtude de contribuírem no fortalecimento e recuperação das forças geradoras:

- Feijão preto (quando cozido e ingerido no mesmo dia).
- Gergelim preto (triturado e ingerido imediatamente com sucos, vitaminas etc.). Ingerir uma colher (sopa) diariamente.
- Adote o arroz preto (é melhor) ou integral.
- Castanha-do-Brasil (antiga do Pará): Ingerir uma unidade diariamente. (pode adicioná-la junto a sucos ou vitaminas).
- Castanha de caju (natural, não assada, sem sal): Três unidades diariamente. Mastigar bem até que se transforme em uma pasta e ingerir.
- Gérmen de trigo (cru ou tostado): Ingerir uma colher (sopa) diariamente. Pode adicioná-la a sucos ou vitaminas.
- Abacate (sem açúcar): Ingerir uma colher (sopa) diariamente ou em dias alternados.
- Brotos de mostarda: Ingerir em forma de salada, pode temperar com azeite, ou com vinagre natural de maçã, ou com limão.
- Inhame: Cozido no sistema a vapor é melhor.
- Aveia: Tonifica o útero. Previne e combate os estados de depressão e estresse, que pode ser uma das causas da infertilidade, inclusive dificulta a fecundação; aliado a isso está também os problemas emocionais. Pode ingerir de uma a duas colheres (sopa) diariamente junto com sucos e vitaminas.

Argila Verde

Prepare-a com um chá frio da planta cipó-mil-homens. Aplique a pasta na testa (elimina a bactéria fascíola hepática, que ataca os ovários e muitas vezes dificulta a ovulação; essa bactéria se aloja na testa, na glândula hipófise. A aplicação de argila é também eficaz na eliminação de cisto nos ovários), no útero e ovários (aplicar entre o umbigo e a virilha). Deixe agir por cerca de 60 a 90 minutos, durante 30 dias. Nos homens, aplicar a argila sobre o púbis (entre o umbigo e a virilha).

Plantas medicinais

Urtiga: possui vitaminas e minerais que por meio de sua perfeita combinação possibilita o rejuvenescimento do útero. Aconselhável ingerir em cápsulas.

O que deve evitar

Açúcar: Diminui a fertilidade. Afaste-se dele e de tudo que o contenha. Aonde ele impera não existe vida, nada prospera. Substitua-o pelo mel.

Cafeína: afaste-se também.

Estrias

- Banhe-se normalmente. Depois, ligue o chuveiro no quente máximo.
- Fique o mais próximo possível da água para receber o VAPOR na região que tem estrias.
- Utilizando a mão aplique ÓLEO DE COCO ORGÂNICO

EXTRA-VIRGEM sobre a região com estrias e massageie levemente por 3 a 5 minutos.

- Quando terminar de massagear molhe bem um pedaço de BUCHA VEGETAL COM CERDAS FINAS em CHÁ GELADO de uma das seguintes plantas medicinais: CAMOMILA ou CAVALINHA, e lave lenta e suavemente a região.

Observações:

a) Prepare o chá sob a forma de infusão, utilize uma colher (sopa) da planta para meio litro de água fervente.

b) Faça uma aplicação diariamente. Em um mês já nota-se diferenças; depois de dois meses praticamente as estrias não mais existirão.

c) Elimine da sua vida o açúcar e tudo que o contenha (refrigerantes, doces etc). Pode substituir o açúcar por mel, ou adoçante stévia.

d) Para prevenir e conter as estrias, uma vez já instaladas, é necessário manter a pele sempre hidratada.

CUPUAÇU

(Ácida)

Possui vitaminas: C, A, B1 e B2. Sais minerais: potássio, selênio, cálcio, fósforo, ferro, além de proteínas.

Seu fruto possui pectina, dois aminoácidos em média, 316 mg de lisina e 60 mg de triptofano. O triptofano no nosso estômago se transforma em serotonina, que é o hormônio da alegria e do bem-estar.

Muito saborosa e de cor marrom, sua casca é dura. Os índios a utilizam como adubo e ela corresponde a cerca de 40% do seu peso. O fruto pesa em média 2 quilos; existem frutos que chegam a pesar em torno de 4 quilos. Cada um tem em média 35 sementes.

Da sua polpa (encontramos no mercado brasileiro e estrangeiro) são feitos sucos, por sinal de ótima qualidade, e cremes, bastante utilizados na culinária amazônica e na paraense. Também é empregada na elaboração de sorvetes, geleias, bombons, iogurtes etc. e tem vasta utilização como cosmético.

Esse fruto brasileiro que poucos conhecem é mais uma dádiva da Natureza, considerado — assim como a uva (extrato), o pêssego e a maçã — um alimento dos deuses. Atualmente é pesquisado em vários países do mundo, está sendo dissecado à procura de seus nutrientes para logo o fazerem sintético. E lamentavelmente os estrangeiros descobriram suas propriedades medicinais antes de nós.

Essa fruta, nativa da Floresta Amazônica, muito consumida pelas tribos indígenas, é encontrada com facilidade na Alemanha, Inglaterra, Japão e França.

O cupuaçu apresenta baixo valor calórico, quatro vezes menos que o açaí. Em 100 gramas de cupuaçu há 60 calorias.

As suas sementes são ricas em gorduras e proteínas (presentes mais nas sementes do que na polpa) e possuem uma substância, o cupulate, que é uma espécie de chocolate, que já vem sendo utilizado em substituição ao cacau, assim como a alfarroba. As sementes são transformadas também em pó e utilizadas para fazer leite e manteiga.

Indicações

Calmante

O chá de suas folhas, sob a forma de infusão, é um ótimo calmante. Ingerir 2 xícaras (chá) por dia.

Bronquite e infecções renais

O suco das folhas é empregado no combate à bronquite e às infecções renais. Ingerir de 1 a 2 copos por dia.

Escorbuto (falta de vitamina C) e gengivite

Ingerir o fruto ao natural ou 3 copos de suco por dia.

Proporciona o crescimento

Crianças: Ingerir o fruto ao natural ou em forma de suco com uma castanha-do-pará. Estimula o hormônio GH (hormônio do crescimento), que é liberado pelo organismo à noite durante o sono.

DAMASCO

(Oleaginosa)

Tem-se conhecimento da existência de mais de 50 variedades da fruta damasco. O seu sabor doce provém da sua elevada proporção de hidratos de carbono e sacarose.

A sua polpa contém 15% de hidratos de carbono (carboidratos), é pobre em proteínas, pois, possui apenas 0,2%. Entretanto, as suas sementes são ricas em gorduras e proteínas.

Vitaminas do damasco: E, C, A, B1, B2, B3, B5 e B9 (ácido fólico).

Sais minerais: Potássio em 100 g = 1380 mg, além de ferro, fósforo, cálcio, magnésio, enxofre, boro, sódio e traços, ou seja, vestígios de cobre e zinco.

Em virtude da presença de fibras, é de fácil digestão e leve laxante; possui também licopeno. Por conter a vitamina A, é ótimo para a nossa visão, para a pele, para todas as membranas e mucosas.

Previne a cegueira noturna, catarata, diminui o risco de cancro do estômago e do pulmão, é eficaz para tratar toda e qualquer enfermidade pulmonar, principalmente a asma. Evita a compulsão por doces.

O valor calórico do damasco seco é superior aos frescos. Mesmo assim, os damascos secos são considerados um dos melhores frutos para a saúde, pois concentra uma poderosa fonte de nutrientes e propriedades medicinais; ele faz parte da dieta de astronautas. Cem gramas (do tipo fresco) fornecem 35 calorias, enquanto o tipo seco fornece 230 calorias.

O melhor damasco é proveniente de Hunza (Paquistão), inclusive sua população tem boa saúde e longevidade, fatos que são atribuídos por causa do consumo puro da vitamina B17 (amidalina ou laetrile), que é encontrada dentro do caroço do damasco (maior fonte). Essa vitamina previne e controla o câncer, além de revigorar as células.

Outras fontes de vitamina B17: sementes de maçãs, sementes de uva, sementes de abricó, caroço do pêssego, amêndoas amarga, brotos de feijão, brotos de bambu, painço, grãos de milho, batata doce, mandioca, inhame, folhas de beterraba, de agrião, castanha de caju etc.

Em Hunza costuma-se consumir de 50/80 mg dessa vitamina por dia, e seus consumidores praticamente não sofrem de enfermidades do coração, pressão alta e colesterol.

Os Esquimós da região do Ártico (*Inuit)* estão imunes ao câncer em virtude de terem uma dieta rica em vitamina B17 ou amidalina. Esse fato ocorre mesmo para quem não tenha como fonte o damasco.

Indicações

Para repor energia perdida

O damasco seco é indicado para quem pratica algum esporte com regularidade, pois é um alimento que repõe rapidamente a energia perdida.

Possui baixo índice glicêmico, fator que o credencia ideal para consumo antes de praticar caminhadas e treinos de corrida.

Catarata e problemas da visão (prevenção)

Ingerir damasco seco. Se quiser, pode comer regado com mel de abelhas Jataí.

Compulsão por doces

Ingerir damasco seco combate a compulsão por doces. Quando tiver vontade de comer doce, substitua-o por uma unidade de damasco seco.

FIGO
(Doce)

São conhecidas mais de 30 variedades. Suas vitaminas são: A, B1, B2, B5 e C. Possui os seguintes sais minerais: potássio, cálcio, fósforo, sódio, magnésio, cloro e ferro.

É laxante, digestivo, emoliente e diurético. Faz bem para o fígado, é depurativo do sangue e desintoxicante, além de nutritivo porque apresenta grande quantidade de açúcar natural, aproximadamente 15%. Já os figos secos aumentam o seu teor de açúcar em até 60%.

Rico em potássio, quando seco, o figo tem o valor calórico e mineral triplicado e a quantidade vitamínica reduzida pelo processo de desidratação.

A fruta é uma fonte de benzaldeído, um agente anticancerígeno, e de flavonoides, antioxidantes. O figo contém também enzimas que ajudam a digestão, além de fibras, e é ótimo para quem sofre de problemas ósseos.

Contém polifenóis que impedem a degradação celular causada por estresse, fumo e poluição. Também contribui para normalizar os níveis de insulina.

O figo fresco é considerado um poderoso expectorante. Já o seco é ótimo para quem tem bastante desgaste físico. Podem ser usados no tratamento de furúnculos, abscessos e aftas. Deve ser evitado por pessoas obesas e por quem sofre de acidez do estômago e artrite.

Observação: 100 gramas de figo contêm 384 miligramas de potássio.

Indicações

Receita para furúnculos

Levar um figo fresco ao forno durante meia hora, cortá-lo ao meio e aplicar a sua polpa morna na área inflamada, até que o furúnculo forme uma cabeça.

Manchas brancas na pele

Aplicar sobre o local o leite do pé do figo, de 1 a 2 vezes durante o dia.

Doenças do fígado e da vesícula

Ingerir figo fresco várias vezes durante o dia, longe das refeições.

Para engordar

Ingerir figos frescos e secos, durante o dia. Se quiser, pode misturar com castanhas e mel.

Memória fraca, debilitada.

Ingerir o fruto fresco ou em forma de suco adoçado com mel.

FRAMBOESA

(Ácida)

É rica em pectina (uma fibra solúvel), quercetina (combate radicais livres, afasta o enfarte, o derrame e o câncer). Possui fibras e vitaminas A, B1, B5 e C. Sais minerais: cálcio, ferro e fósforo.

Ajuda a prevenir o cancro do esôfago. Esse poder anticancerígeno está em dois polifenóis da sua pele: o ácido elágico (um flavonoide) e as antiocianinas. A framboesa é refrescante, diurética, laxante e combate as afecções do fígado e da vesícula biliar.

Indicações

Erisipela e gota

Preparar um chá sob a forma de decocção das folhas, na seguinte proporção: 30 gramas das folhas para um litro de água. Aplicar no local várias vezes durante o dia.

Doenças do fígado

Fazer uso das framboesas várias vezes durante o dia.

FRUTA-DO-CONDE

(Semiácida)

Possui vitaminas B1, B2, B5 e C. Sais minerais: cálcio, ferro e fósforo.

Boa fonte de proteínas, motivo pelo qual deve ser evitada por quem tem problemas renais. Tem o aminoácido triptofano. Seu fruto maduro é recomendado para pessoas com anemia, desnutridas, com deficiência intelectual (ou mental) e aumenta o apetite. 100 gramas da fruta possuem 128 mg de vitamina C.

Indicações

Cãibras

Preparar um chá das folhas sob a forma de infusão e aplicar no local afetado.

Convulsões

Fazer chá das folhas sob a forma de infusão e tomar de 1 a 2 xícaras por dia.

Tônico para fortalecer o intestino e o estômago e evitar a desnutrição

Tomar duas xícaras (chá) das folhas da fruta-do-conde por dia, ou ingerir o fruto maduro várias vezes durante o dia.

FRUTA-PÃO

(Doce)

É uma fruta de clima tropical (do tamanho de um coco verde grande) e encontra-se facilmente no Nordeste brasileiro. É consumida cozida (é melhor, principalmente quando preparada no cozimento a vapor), frita ou assada. Substitui o pão branco e outros.

Suas vitaminas: B1, B2, B5. Sais minerais: cálcio, fósforo e ferro.

É laxante. As suas folhas servem para a preparação de banhos contra dores reumáticas. Com suas fatias se faz aplicação contra furúnculos.

O fruto é preparado cozido ou assado. No Nordeste, onde é abundante, está nas mesas logo de manhã. É um alimento bem nutritivo, inclusive substitui o pão branco com mais valor.

Indicações

Intestino preso

Ingerir no café da manhã fruta-pão cozida e misturada com fibra (farelo de trigo).

Furúnculos

Cozinhar fatias de fruta-pão e colocar sobre os furúnculos. Fazer duas a três aplicações por dia. Em seguida, aplicar argila verde e deixar agir por cerca de uma hora e meia.

Dores reumáticas

Preparar um banho com as folhas de fruta-pão e aplicar em forma de compressas sobre o local dolorido.

GOIABA
(Semiácida)

Contém 17% de carboidratos, proteínas e sais minerais como cálcio e fósforo, vitaminas A, B1, B2, B6 e C. É uma das maiores fontes naturais de vitamina C em frutas, impregnada na casca. Portanto, não despreze a casca, mas lave-a bem antes de ingeri-la. É também uma das maiores fontes naturais de licopeno, substância que previne o câncer de próstata e age diretamente beneficiando a próstata. O licopeno está presente na goiaba vermelha.

O suco da goiaba vermelha (sem adoçar) é ótimo para os problemas da próstata (até como preventivo), além de diarreia, alergias, fadiga, hemorragias e nos estados de convalescença.

O chá das folhas (infusão) é indicado para hemorragias uterinas e incontinência urinária (sem adoçar).

Uma xícara três vezes ao dia (sem adoçar) do chá das folhas (decocção) é recomendada para diarreia.

Já os frutos são indicados na falta de vitamina C e para tuberculose, principalmente a goiaba branca, na qual a concentração de vitamina C é bem maior. Quando consumida com a casca auxilia as funções intestinais.

100 gramas de goiaba contêm 40 calorias, 81 mg de vitamina C na goiaba branca e 46 mg na vermelha.

A goiaba branca é também utilizada contra o bruxismo (ranger os dentes durante o sono) e mal de Parkinson, em forma de suco (sem adoçar) ou ao natural, podendo tomar 2 copos por dia do suco, mas não ingerir as sementes.

Um suco de goiaba apresenta nutrientes superiores ao suco de laranja.

Indicações

Problemas da próstata

Suco de goiaba vermelha para evitar e combater todo e qualquer problema ligado à próstata: Bater no liquidificador goiaba vermelha com casca (lave-a bem) e água, depois coar. Em seguida, retornar o suco da goiaba vermelha (sem as sementes, é lógico), adicionar uma colher (sopa) de pólen de abelhas e 2 castanhas-do-pará, bater novamente e ingerir em seguida. Este suco pode ser ingerido por tempo indeterminado, uma vez por dia. Pode-se ingerir mais vezes durante o dia somente a goiaba vermelha.

Infecções do aparelho respiratório

Bater no liquidificador goiaba branca e água, em seguida coar e adoçar com mel. Ingerir de 1 a 2 copos por dia.

Hemorragias uterinas e incontinência urinária

Preparar o chá sob a forma de infusão e ingerir 2 xícaras por dia. Não adoçar.

Inchaço das pernas e dos pés

Tomar chá das folhas de goiabeira. Prepará-lo sob a forma de infusão.

Fazer outro chá utilizando a planta carobinha. Após amornar, mergulhar os pés neste chá por cerca de 20 minutos.

Tuberculose

Fazer uso constante dos frutos, ao natural, ou em forma de suco.

Diarreia

Ingerir chá dos brotos.

GOJI BERRY

(Semiácida)

Esta fruta de origem chinesa é superpoderosa, a exemplo do nosso Açaí.

Ela retarda o envelhecimento, combate o cansaço físico e mental, é estimulante e revigorante. É anticancerígena, protege os olhos, é anti-inflamatória, aumenta e fortalece a imunidade, previne doenças do coração e diabetes, controla os níveis de colesterol.

Benefícios

- Eficaz na prevenção e combate de gripes e resfriados;
- Tem 18 aminoácidos;
- Elevadas concentrações das vitaminas: A (beta caroteno), B1 (Tiamina), B2 (Riboflavina), B6 (Piridoxina), C (Ácido Ascórbico);
- Rica em mineral ferro;
- Combinação perfeita dos Fitoquímicos Luteína e Zeaxantina;
- Polissacarídeos.

Consumo

Sucos: Uma colher (sopa) em 200 ml de água ou iogurte natural.

Cápsulas: uma cápsula duas vezes durante o dia.

Fruta pura: Uma colher (sopa) durante o dia. Esta quantidade tem 40 calorias.

Observações:

*Polissacarídeos (*Poli *é um termo grego que quer dizer muitos), os polissacarídeos são compostos macromoleculares (moléculas gigantes), formadas pela união de muitos (centenas) de monossacarídeos.*

Os três polissacarídeos mais conhecidos dos seres vivos são amido, glicogênio e celulose.

A fruta seca apresenta maior valor nutricional.

GRAVIOLA

(Semiácida)

Sua principal vitamina é a C. Uma maneira boa de consumi-la é em forma de suco, podendo ser adoçado com mel, rapadura, açúcar mascavo ou orgânico, além de adoçantes.

Seu suco tem ação diurética e combate diarreias.

Os frutos maduros ou em forma de suco (não adoçar) são eficazes na falta de vitamina C. A graviola combate a febre (inclusive interna) e o acúmulo de líquido no tecido celular ou em uma cavidade do corpo (hidropsia).

O chá das folhas é utilizado para baixar as taxas de glicose sanguínea dos diabéticos e tem uma substância chamada acetogenina, que é utilizada no tratamento quimioterápico.

Como preparar o chá: ferver uma colher (sopa) rasa de folhas picadas em uma xícara (chá) de água, por 2 minutos, coar e amornar. Não adoçar. Ingerir uma xícara 2 vezes ao dia.

GROSELHA

(Ácida)

Existem duas variedades dessa fruta: a preta e a vermelha, cujo valor nutricional é semelhante. Ela é parente da fruta Granberry em virtude de suas semelhanças nutricionais.

A groselha possui vitaminas A, B2, B6, C e E. Sais minerais: cálcio, fósforo, ferro, enxofre, magnésio, cloro e sódio, além de proteínas.

A presença do ácido oxálico prejudica um pouco a absorção dos seus nutrientes pelo nosso organismo.

É indicada para diabéticos, mantém a elasticidade e a resistência dos vasos sanguíneos. Ajuda na prevenção da constipação e infecções intestinais e da pele; funciona como fortalecedor das gengivas.

Em 100 gramas de groselha preta há 180 mg de vitamina C, enquanto na vermelha há 30 gramas, sendo esta a maior diferença entre as duas.

Indicações

Gota

Tomar de 2 a 3 copos do suco por dia ou comer a groselha preta ao natural.

Tumores

Aplicar sobre o tumor cataplasma das folhas trituradas e cobrir com argila medicinal. No preparo da argila, faça-o com o chá das folhas da groselha.

Erisipela

Tomar o suco puro da groselha vermelha, de dois a três copos por dia. O primeiro copo pela manhã em total jejum.

JABUTICABA

(Semiácida)

É uma fruta brasileira, encontrada em vários Estados brasileiros.

Possui: B1 - 60 mg, B2 - 160 mg, B5 - 6 mg e C - 13 mg. Sais minerais: vitaminas fósforo 60 - mg, potássio - 15 mg, cálcio - 10 mg, sódio - 8 mg, ferro - 2 mg, além de carboidratos - 11 g e proteínas - 0,60 g. 100 gramas têm 45 calorias.

Toda fruta de cor arroxeada tem antocianinas, que se perdem quando recebem calorias acima de 100 graus.

Antocianinas é um antioxidante cuja função é evitar a formação de tumores, a incidência de problemas cardíacos, e melhor: Protege o coração. Além disso, auxilia a estabilizar o açúcar no sangue dos diabéticos e combate os radicais livres que são um dos responsáveis pelo envelhecimento.

Na polpa da jabuticaba (parte branca) estão os minerais e as vitaminas; na casca encontram-se as maiores concentrações de antocianinas e grandes teores de pectina (fibras), que combatem o colesterol. Portanto, a jabuticaba é uma fruta de grande valor: ao mesmo tempo protege o coração e combate o colesterol.

Em forma de suco aconselha-se ingerir de 2 a 3 copos por dia, batendo a fruta no liquidificador com a casca e ingerir imediatamente.

Depois de três minutos seus nutrientes vão se dissipando, porque luz e oxigênio reagem com as moléculas protetoras. Dessa forma ocorre perda de nutrientes, a cor e o sabor ficam também alterados. A jabuticaba tem as propriedades modificadas tão logo sejam arrancadas da árvore, isso porque ela possui bastante açúcar, daí a fermentação ocorrer no dia da sua colheita. O melhor é chupá-las no pé, ou então guardá-las em plásticos e na geladeira.

Outra forma de consumi-la é chupando-a com a casca, aliás, assim aproveita-se melhor todo o seu valor.

E não se esqueça: Só devemos lavá-las no momento de consumi-las, pois azedam facilmente. Outra boa opção é consumi-las em forma de geleia.

As antocianinas perdem-se quando recebe calor acima de 100 graus.

Na proteção do coração, a jabuticaba ganha disparado da uva e do vinho, ela é simplesmente imbatível.

Indicações

Inflamação da garganta

É resolvida com chá das folhas de jabuticaba, fazendo gargarejos de 2 a 3 vezes ao dia.

1 colher (sopa) das folhas para 2 xícaras de água, deixar ferver por 3 minutos. Em seguida deixar amornar e fazer os gargarejos.

Anginas, erisipela e disenteria

Ingerir o chá das cascas da fruta.

JACA

(Doce)

De origem no arquipélago malaio, existem variedades que chegam a pesar cerca de 18 quilos. Encontramos dois tipos de jaca: a dura, que produz frutos maiores, e a mole, em geral mais doce, o fruto é menor e a variedade manteiga é mais adocicada. É uma fruta muito energética, estimulante e considerada por alguns autores como afrodisíaca. Seu consumo facilita a digestão, age na formação, construção e manutenção dos ossos e cartilagens.

Possui fibras. Minerais como ferro, cálcio, fósforo, iodo e cobre. As vitaminas A, B2 (riboflavina), B5 (ácido pantotênico) e C.

É um importante alimento, principalmente para as mulheres durante a gestação e a lactação. Consumida sempre ao natural ou em forma de suco, combate a TPM (Tensão Pré-Menstrual). Seu caroço também é rico em nutrientes e pode ser comido assado ou cozido (no vapor) ou no sistema convencional.

A jaca tem a reputação de ser considerada uma fruta "indigesta ou pesada". Evite ingeri-la à noite; ela deve ser comida preferencialmente sozinha para ter digestão fácil. Não misture com outros alimentos, frutas ou bebidas. As orientações são: mastigar bem, não adicionar açúcar e nem pensar em sal. Sempre ingeri-la uma hora antes das refeições ou 2 horas após, e você verá que maravilha é essa fruta, pois não causa problemas, somente benefícios nos proporciona. Por ser rica em carboidratos, os diabéticos devem evitá-la. 100 gramas de polpa têm 51 calorias (em consequência do baixo valor calórico, é boa opção para quem deseja emagrecer), 3 gramas de proteínas, 20 mg de fósforo, 30 mg de cálcio, 45 mg de ferro, além de traços de cobre. Contêm ainda 10 mg de açúcar natural (glicosídeos) e 20 mg de vitamina C.

Indicações

Anemia

Comida ao natural ou em forma de suco: bater no liquidificador 100 gramas de polpa em um copo de água e adicione uma colher (sopa) de melado de cana. Ingerir imediatamente, de 2 a 3 vezes durante o dia. Inutilizar as sobras. Outra boa opção é cozer o caroço da jaca (pode ser no vapor), triturá-lo e ingerir uma colher (sopa) por dia. Neste caso é indicada principalmente nos casos de anemia ferropriva.

Dermatoses (problemas da pele)

Bater no liquidificador 100 gramas de polpa de jaca em um copo de água. Ingerir este suco 2 a 3 vezes durante o dia.

O suco também age melhorando o tônus da pele.

Suco contra problemas respiratórios, tosse e garganta irritada

Suco no combate aos problemas das vias respiratórias, tosse e garganta irritada: Bater no liquidificador 100 gramas da polpa de jaca, um copo de água e adicionar folhas de hortelã miúda (5 a 8 folhas). Se quiser pode coar e ingerir em seguida. Inutilizar as sobras. Pode ingerir de 1 a 2 copos por dia, quando for necessário ou simplesmente como preventivo a esses problemas. Porém, mesmo que você não tenha nenhum desses problemas, faça esse suco e tome. Ele é maravilhoso.

Suco energético

Bater no liquidificador 100 gramas de polpa de jaca, um copo de água e uma colher (café) de guaraná em pó. Ingerir pela manhã e inutilizar as sobras. Pode adoçar com mel.

Caroço: assado, cozido ao natural ou no vapor

Ótimo no combate à anemia ferropriva (por deficiência do mineral ferro) e prisão de ventre.

Xarope de jaca: expectorante e para combater a tosse

Colocar a polpa da jaca na travessa perfurada do aparelho de cozimento a vapor e encaixar dentro da travessa lisa. Cozinhar por cerca de 30 minutos. Depois de retirar do fogo, coletar o extrato da jaca que está na travessa lisa. Deixar esfriar e adicionar 2 colheres (sopa) de mel para 500 ml do extrato da jaca.

Adultos: Ingerir de 2 a 3 colheres (sopa) por dia.

Crianças: Ingerir uma colher (chá) de 2 a 3 vezes por dia.

JATOBÁ

(Doce)

Seu fruto é comestível. Apresenta-se sob a forma de uma baga. Sua polpa possui minerais como o fósforo e cálcio. Sua fonte de cálcio é 3 vezes maior que a do leite de vaca.

O jatobá contém uma seiva (resina) que é obtida perfurando-se o tronco. Essa resina é também expelida pelo tronco e ramos, naturalmente, em grandes quantidades.

A seiva do jatobá pode ser utilizada na forma de suco, ingerindo um copo 1 ou 2 vezes por dia, no caso de adulto. Para a criança basta um copo diluído durante o dia. Preparar o suco adicionando uma colher (café) da seiva para um copo de água. Pode adoçar com mel. Esse suco é ótimo contra a debilidade geral do organismo, fortalecendo-o nas afecções pulmonares. Nos casos de cistite aguda, essa resina produz efeitos maravilhosos nas crianças, age como tônico geral. E também nos adultos fortalece todo o sistema imunológico de maneira incrível.

Indicações

Faringite, asma e prostatite

Em um litro de água adicione duas colheres (sopa) da casca de Jatobá, deixe ferver por 10 minutos, esfriar e coar.

Pode beber uma xícara duas vezes durante o dia.

JENIPAPO

(Semiácida)

Possui vitaminas B1, B2, B5 e C. Minerais: cálcio - 249 mg em 100 gramas e ferro.

O seu melhor uso é ao natural ou em forma de suco. Dele também se faz um ótimo licor, encontrado principalmente no Nordeste brasileiro. A quantidade do mineral ferro existente no fruto supre as nossas necessidades diárias se fizermos sempre uso dele.

O seu consumo é ótimo no combate à asma e contra os vômitos durante a gravidez, chegando mesmo a eliminá-los.

O seu suco é utilizado por algumas tribos indígenas brasileiras para enegrecer o rosto e o corpo.

Indicações

Xarope de jenipapo contra bronquite

Cortar 3 jenipapos "de vez" em pedaços, adicionar um limão-galego com casca em pedaços e 2 litros de água. Deixar cozinhar por aproximadamente 40 minutos, deixar esfriar e adicionar mel. Adultos, ingerir uma colher (sopa) de 2 a 3 vezes por dia. Crianças, uma colher (chá) de 1 a 3 vezes por dia.

Suco de jenipapo afrodisíaco

Bater no liquidificador jenipapos, uma colher (chá) de *Tribulus terrestris*, uma colher (chá) de mel, adicionar água. Ingerir o conteúdo em seguida, 1 vez por dia.

Vômitos da gravidez e asma

Cozinhar o suco do jenipapo até que fique reduzido à metade. Tomar morno uma colher (sopa) a cada 2 horas.

Anemia

Ingerir um copo do suco de jenipapo várias vezes durante o dia. Se quiser, pode adoçar com melado de cana.

Enterite crônica

Tomar o suco de jenipapo adoçado com mel, um copo várias vezes por dia.

Elefantíase

Suco natural, tomar 200 ml, 4 vezes durante o dia.

KIWI
(Semiácida)

O *kiwi* é muito rico em vitamina C (duas vezes mais que a laranja). Essa vitamina é fundamental para que o nosso organismo possa produzir colágeno. É também uma fonte considerável de betacaroteno, que é o precursor da vitamina A, e esta metamorfose acontece no intestino. Rico em minerais como potássio, magnésio, cálcio, zinco, ferro, fósforo e sódio. Aminoácidos: glutamato e arginina. Possui as vitaminas B2, B5 (ácido pantotênico), B6, B9 (ácido fólico), C e A, que reproduz as células, agindo no combate às rugas.

O Kiwi contém uma enzima – a actinidina – que ajuda a digestão.

Possui capacidade antioxidante, combate o câncer de mama, estômago, estimula o apetite, é anti-inflamatório e levemente laxativo. Contribui também para equilibrar a tensão arterial, aumenta as defesas do organismo na prevenção de gripes e constipações e faz bem a todo o sistema cardiovascular.

É uma das poucas frutas de coloração verde quando madura, sendo a clorofila responsável por essa cor. A clorofilina, derivada da clorofila, é um potente inibidor da aflotoxina B1, uma substância cancerígena.

Seu fruto pode ser ingerido ao natural e em qualquer hora do dia. Após caminhadas e prática de qualquer atividade que promova transpiração naturalmente, ocorre perdas significativas de minerais como potássio, magnésio, sódio, zinco e ferro; pois bem, comer três frutos ou ingerir o seu suco puro após estas práticas repõe todo o mineral perdido.

LARANJA

(Ácida)

A laranja é conhecida no mundo inteiro como auxiliar no combate a uma série de doenças. Suas folhas e flores também possuem qualidades importantes.

Suas vitaminas são: A, B1, B2, B5 e C. Sais minerais: cálcio, potássio, fósforo, sódio, enxofre, magnésio, cloro, silício e ferro.

A vitamina C é o elemento mais importante da laranja, o qual se oxida e se perde facilmente. Para que isso não ocorra e que se possa aproveitar melhor suas qualidades nutritivas, devemos tomar alguns cuidados: consumi-la sempre no ponto certo de maturação, isto é, só descasque no momento de consumi-la. Ao cortá-la, utilizar faca com lâmina de aço inoxidável, pois outros metais agem sobre a vitamina, eliminando-a. A laranja, quando consumida como sobremesa, pode causar perturbações digestivas.

Ela corrige a excessiva acidez do organismo, estimula o sistema circulatório, combate inflamações das veias e ativa o trabalho das glândulas segregadoras de suco gástrico, facilitando, desta maneira, a digestão e funções intestinais. O bagaço deve ser muito bem mastigado antes de ser ingerido. É aconselhado o consumo dela para diabéticos e quem tem gota, por sua riqueza em minerais e substâncias neutralizantes, que agem eliminando o ácido úrico. É eficaz no combate ao escorbuto (falta de vitamina C), gripes, resfriados, febres, benéfica para as vias respiratórias, estimulante do sistema digestivo e calmante do sistema nervoso.

Podemos fazer uso da fruta chupando-a ou em forma de suco. O suco deve ser feito e ingerido imediatamente; depois de 3 minutos seus nutrientes têm uma perda acentuada. Evitar também adoçá-lo.

Indicações

Antiespasmódico (acalma as dores do estômago e diminui os gases)

Juntar 3 gramas de flor de laranjeira, 3 gramas de tília e 3 gramas de camomila. Despejar sobre as plantas uma xícara (chá) de água fervente, deixar descansar coberto por cerca de 10 minutos, depois coar e adoçar com mel. Se as dores forem muito fortes, ingerir 1 xícara de hora em hora.

Insônia e agitação nas crianças

Fazer infusão de 2 gramas de folhas de laranjeira, coar e adoçar com mel. Tomar o chá 30 minutos antes de a criança deitar-se.

Falta de ar

Faça um copo de suco de laranja (puro) e coloque no liquidificador, adicione dois galhos de salsa, bater bem e ingerir.

LICHIA

(Doce)

Fruta de origem chinesa. É um fruto pequeno, de casca fina, mas rugosa e dura, com uma cor vermelha rosada intensa. A polpa é gelatinosa, translúcida, rica em água, fibras e de excelente sabor. Abundante em vitamina C, com pequenas quantidades das vitaminas do complexo B. Sais minerais: magnésio, cálcio, potássio, fósforo e sódio. Em 100 gramas da polpa tem 73 mg de vitamina C e 172 mg de potássio, em virtude do seu alto teor de potássio. Seu consumo não é indicado para portadores de problemas renais.

Esta fruta tem uma substância chamada cianidina, que regula as células de gordura, o que a torna em um bom coadjuvante nos processos de emagrecimento.

É responsável por instigar o apetite, favorecer a digestão, e estimular o sistema imunológico.

Em virtude da grande quantidade de água que possui, a polpa da fruta repõe o líquido perdido pelo organismo nos dias mais quentes.

É muito eficaz quando utilizada em conjunto com a semente de linhaça para os problemas ligados à visão, evitando-os e agilizando o restabelecimento.

Indicação

Suco preventivo para a visão

Bater no liquidificador 100 gramas da polpa com 1 colher (sopa) de semente de linhaça, ingerir imediatamente, consumir um copo por dia. Se quiser adoçar, utilize o mel de abelhas Jataí.

Chá da casca

Indicado nos casos de diarreia.

Orquites (inflamação dos testículos)

Ralar o caroço. Junte uma colher (chá) da raspa e uma xícara de água, deixar ferver por três minutos. Pode tomar de duas a três xícaras durante o dia.

Tosse

Ingerir o seu suco adoçado com mel de abelhas Jataí.

LIMÃO
(Ácida)

Existe na Natureza cerca de 70 variedades de limão. Suas vitaminas são A, B1, B2, B3 ou PP (previne e combate pneumonia), B5, C. Sais minerais: potássio, cálcio, fósforo, ferro, silício, magnésio, iodo, cobre e sódio.

Para a medicina natural, o seu valor é incontestável. Seus benefícios vão desde o simples fato de saber usá-lo naturalmente até os seus sucos e chás das mais diversas formas. Quem é que nunca deixou de tomar um chá de limão ou um simples suco, conhecido por quase todos. Infelizmente há aqueles que o trocam por coisas que causam a sua própria destruição, a exemplo dos refrigerantes, que estão impregnados de açúcar e sódio. E sabe-se que o nosso organismo não dispõe de meios para eliminar o açúcar lá contido. Por isso, inúmeras doenças passam a ser implantadas sorrateiramente. Normalmente por dia, o organismo humano consegue no máximo eliminar 0,5 grama de açúcar contido nos refrigerantes, mas em alguns o açúcar nele contido chega até a 25 g. E o restante desse açúcar? Será que ele evapora, desaparece do nosso organismo sem ao menos deixar vestígios? Não. Espere, tenha paciência e você verá ao longo da sua vida os danos causados ao seu corpo, e que dificilmente terão conserto. Esses danos são inúmeras doenças, deformações do corpo (gordura localizada, diabetes, obesidade etc.). O mesmo acontece ao ingerirmos o açúcar, principalmente do tipo refinado e cristal.

Quanto à quantidade excessiva de sódio presente e que se faz necessário nos refrigerantes, tanto nos tipos tradicionais e principalmente nas versões (*light*, *diet* e zero), causa a retenção hídrica e, em longo prazo, é um dos principais fatores ligados ao desenvolvimento da hipertensão arterial, entre outros.

A bem da verdade, o uso desses produtos uma vez ou outra até que não nos causa muito mal, mas tenha cuidado com o que você compra por aí. Precisamos ter responsabilidade e respeito por nós próprios, evitar os alimentos refinados, impregnados de gorduras artificiais, os conservantes, corantes, acidulantes, espessantes, e tantos "antes" da vida. Você vai saber o mal que ele causa não antes, mas depois de muito uso; enfim, esses alimentos gostosos, fáceis de preparar, mas que o sangue não quer saber de gosto. O nosso sangue quer saber de alimentos que possam nutrir e nos fortalecer e, com certeza, essas virtudes são encontradas nos alimentos naturais e orgânicos, que são os mais naturais possíveis. Tome muito cuidado, não entre na onda da mídia, até porque a maioria não vê, não pensa, não percebe, vai pelo impulso. Mas, se verdadeiramente você deseja mudanças, não adianta só ler este texto e aprender para você. A sua parte não se resume nisso. Chame o seu sobrinho, o seu neto, o seu filho, o jovem, até mesmo quem você não conhece, fale, mostre-lhes. Dessa maneira, com certeza, estaremos contribuindo para uma geração mais forte, mais bonita e mais feliz.

Tomar de 1 a 2 copos de suco de limão por dia. Pode adoçar com mel (é melhor do que qualquer açúcar). É de um valor incalculável para a nossa saúde, inclusive na época do vestibular. Para quem trabalha muito durante a noite ou faz bastantes esforços mentais é fundamental tomar por um longo período o suco de limão pela manhã e à noite, sempre adoçado com mel. Na prevenção de doenças respiratórias, enxaqueca, pedras nos rins, cálculo biliar, escorbuto, reumatismo, anginas e hipertensão. Além disso, limpa os intestinos, estimula os rins e faz bem ao fígado. O limão é rico em ácido cítrico, combate fermentações pútridas do estômago e intestinos.

Perceba a composição do limão, que entre tantas frutas aqui descritas só nos causa bem, proporcionando melhor qualidade de vida. São nutrientes que você não encontra normalmente em bares ou *fast-foods* da vida. Os benefícios do limão estendem-se pelo simples fato de temperar uma salada, ou no preparo de um chá e também sabendo utilizar sua casca.

Existem diversas variedades de limão como tahiti, siciliano, galego e cravo.

Indicações

Azia

Tomar suco de limão diluído em água, sem adoçar, um copo, longe das refeições, 2 vezes por dia.

Enjoo

Cheirar bastante o limão, pode fazer inclusive um corte na sua casca.

Varizes, também como prevenção

Fazer uso do suco de limão sem adoçar, ingerindo um copo, de 1 a 2 vezes por dia.

Emagrecimento

Ingerir o suco de meio limão em um copo de água morna, de manhã em jejum. Elimina um quilo por mês. Retire da sua vida o pão branco da padaria, o açúcar e a margarina. Em dois ou três dias, você perceberá os benefícios.

Caspa e oleosidade do couro cabeludo

O seu suco puro aplicado na cabeça diminui a oleosidade do couro cabeludo e a caspa.

Excesso de suor nas axilas, pés e mãos (Hiperhidrose)

Colocar em um pires um pouco de cinzas de carvão, em seguida adicionar o suco puro de limão-galego e misturar bem. Aplicar nas partes afetadas, como axilas, sola dos pés ou das mãos.

Pneumonia

Tomar durante o dia de dois a três copos do suco de limão adoçado com mel.

Infecção no intestino

Tomar o suco de um limão tahiti espremido, sem açúcar, em jejum e aos goles. Alimentar-se 30 minutos depois.

MAÇÃ

(Casca vermelha é uma fruta doce; casca verde é uma fruta semiácida)

Possui substâncias anti-inflamatórias e cicatrizantes. É depurativa, sedativa, alcalinizante, adstringente, além de reguladora hormonal.

Vitaminas da maçã: A, B1, B2, B5, C, e nas sementes B17. Sais minerais: potássio, fósforo, sódio, magnésio, enxofre, cálcio, silício e ferro. Possui fibras que estão impregnadas nas cascas. Sua composição é de 85% água, 0,6% de proteínas, 14% de carboidratos. 100 gramas de maçã contêm 61 calorias. As maçãs vermelhas possuem maior concentração de vitamina C que a verde.

Seu vinagre natural tem 93 nutrientes. No livro *Os Vegetais*, publicamos a receita do Vinagre Natural de Maçã, que é o mais rico entre todos, inclusive os de arroz, caqui, bardana etc.

É ótima (fruta e vinagre) para os problemas do estômago, rins, fígado, intestinos, obesidade, acidez estomacal, colesterol, diarreia, diabetes (diabéticos podem usar o Vinagre Natural de Maçã); combate a gota, o reumatismo e os problemas respiratórios. Seu suco combate e previne cálculos dos rins e da vesícula, além de inflamações da bexiga e do sistema urinário.

Veja agora outras substâncias presentes na maçã e seus benefícios:

Pectina: Excelente para diabéticos. Ajuda o organismo a eliminar metais nocivos, como o chumbo e o mercúrio, e combate células cancerígenas. É encontrada também no Vinagre Natural de Fruta Maçã (não confunda com o vinagre comum).

Quercetina: Combate os radicais livres, afasta males como o enfarte, o derrame e o câncer. Estimula as funções do fígado e dos rins. É anti-inflamatório.

Resveratrol: Presente na casca da maçã, evita o enfarte e o derrame em cerca de 70%, também retarda o envelhecimento e previne doenças do sistema circulatório. É um grande aliado no combate ao câncer e herpes.

Enfim, a maçã é o verdadeiro detergente do nosso organismo. Ela pode ser ingerida a qualquer momento do dia, pois não faz mal algum. Ingerir de 1 a 2 maçãs diariamente com a casca pode evitar inúmeras doenças.

O verdadeiro Vinagre Natural de Fruta Maçã

A maioria das pessoas pensa que **vinagre natural** e **vinagre comum** são o mesmo produto. Na verdade temos aí dois produtos distintos, que são determinados pelo seu processo de fabricação.

No vinagre comum prevalece em sua composição o **ácido acético.**

No **vinagre natural verdadeiro** deverá prevalecer sempre o **ácido málico.** Esse tipo de vinagre é fermentado naturalmente com o açúcar da própria maçã (frutose). Portanto, é um erro absurdo querer comparar esses dois tipos de vinagres.

Vinagres comuns

São pasteurizados ou destilados. Nesse tipo de vinagre predomina enorme quantidade de **ácido acético** (C2 H4 O2).

O consumo constante e em doses elevadas desse tipo de ácido pode comprometer a saúde, pois destrói os glóbulos vermelhos causando anemia, contribuindo para a formação de cirrose hepática, úlceras gastroduodenais e até intestinais, além de retardar a digestão e impedir a correta assimilação dos alimentos.

O responsável pelo gosto picante nesse tipo de vinagre é o ácido acético.

Vinagre natural:

É fermentado naturalmente, usando o próprio açúcar da fruta para fermentar.

Não é pasteurizado ou destilado. Em sua composição predomina o **ácido málico** (C4 H6 O5), e contém naturalmente os ácidos Isobutírico, Lático, Propiônico, Tártarico. Ele tem apenas entre 3% a 6% de ácido acético, quantidade suficiente para atender as necessidades do corpo, e insuficiente para afetar a sua saúde.

Convém ressaltar que existem também vinagres naturais com predominância do **ácido acético,** o que é facilmente detectado por causa de seu sabor muito picante.

O **ácido málico** que predomina em alguns tipos de vinagres naturais, é um dos principais elementos responsáveis por lhe proporcionar propriedades terapêuticas. Este ácido melhora todo o sistema digestório e a assimilação de minerais. A ação benéfica do **ácido málico** deve-se, entre outros, ao fato de ele ser um dos ácidos do chamado **Ciclo de Krebs,** que é um conjunto de reações responsáveis pela produção de energia no interior das células.

O vinagre natural é também um poderoso antioxidante que combate os radicais livres, retarda o envelhecimento e previne o surgimento de tumores cancerígenos, além de equilibrar o pH sanguíneo.

As propriedades terapêuticas do **verdadeiro Vinagre Natural de Fruta Maçã** também são devidas ao seu grande teor mineral. Ele possui um extraordinário teor de **potássio**, e ainda, um excelente teor de **magnésio, cálcio, fósforo, silício, enxofre e flúor.**

Saiba também que o **verdadeiro Vinagre Natural de Fruta Maçã** é um produto vivo, rico em **Enzimas, Resveratrol, Pectina, vitamina B17, entre outros.** Ele possui **93 substâncias nutricionais e medicinais,** sendo que no planeta não existe outro alimento com tamanha grandeza.

Vamos conhecer a importância de algumas dessas substâncias naturais?

Sem potássio:

- Simplesmente não haveria vida;
- Nós e as plantas não ficaríamos em pé, simplesmente dobraríamos;
- Não mencionaríamos uma única frase;
- A estatura da pessoa fica totalmente comprometida;
- Causaria o enrijecimento da musculatura e das partes moles do corpo;
- Os cabelos cairiam;
- A pele enruga;
- As unhas ficam fracas e quebradiças;

- As artérias se entopem e perdem sua elasticidade ou flexibilidade;
- Os ossos se desmineralizam e enfraquecem.

Com potássio:

- Ele controla o aproveitamento do cálcio no nosso organismo e evita o seu acúmulo;
- Acelera a consolidação ou o fortalecimento de um osso fraturado ou desmineralizado;
- Induz a eliminação do sódio pelos rins, o que faz diminuir a sua concentração em nosso corpo, além de prevenir e combater a hipertensão;
- Regulariza os batimentos cardíacos.

Magnésio:

- É responsável por mais de 300 processos do metabolismo;
- Dá sustentação ao cálcio e fixa-o no nosso organismo.

Enzimas:

- É quem dão sustentação às células.

Resveratrol:

- Atua contra diabetes, protege o coração e melhora as suas funções;
- Induz a morte de células cancerígenas da mama, da próstata e do pulmão.

Pectina:

- É uma fibra solúvel;

- Diminui níveis do colesterol;
- Reduz o aumento de açúcar no sangue;
- Retarda desenvolvimento do câncer e inibe a metástase;
- Melhora a assimilação dos nutrientes.

Vamos agora saber o que eles dizem?

"A saúde de uma pessoa não depende única e exclusivamente de remédios e tratamentos. Pelo contrário, ela depende muito mais de hábitos saudáveis de vida. E o mais importante de tudo: **de bons hábitos alimentares.** Ingerir constantemente o verdadeiro Vinagre Natural de Fruta Maçã nos proporciona saúde, vida longa e permite o perfeito equilíbrio das funções orgânicas."

Fitoterapeuta e trofoterapeuta Hilton Claudino.

"Nenhum tipo de alimento provou ser tão eficiente na manutenção da saúde quanto as frutas, os vegetais e os seus respectivos sucos crus. E nada provou ser mais eficaz para manter e restabelecer esse equilíbrio do que o verdadeiro vinagre natural de fruta maçã. Com ele se tem saúde, vida longa e se vive sem remédios."

Dr. Norman W. Walker, pesquisador americano da alimentação, e o maior estudioso dos benefícios do Vinagre Natural de Fruta Maçã para a saúde.

Indicações

Emagrecer

Opção 1:

Eleja um dia da semana como o dia da maçã. Comer uma maçã de 3 em 3 horas, beber muita água ou chá até as 16 horas.

Às 19 horas pode tomar uma sopa de legumes ou até comer um bife preparado no sistema de cozimento a vapor com uma salada de alface. Outras frutas que ajudam a emagrecer: pera (diurética), morango (alimenta sem engordar e são paupérrimos em carboidratos), abacaxi.

Opção 2:

Pela manhã e em total jejum junte uma colher (sopa) do Vinagre Natural de Maçã com três dedos de água aquecida. Mexer bem e ingerir. Alimente-se de 15 a 20 minutos depois.

Antes das refeições (almoço e janta) ingerir uma colher (sopa) do Vinagre Natural de Maçã diluído em uns três dedos de água, mexer bem e ingerir. Alimente-se de 10 a 15 minutos depois.

Chá para emagrecer:

Coloque em 1 litro de água: 12 gramas de raiz de sabugueiro, 10 gramas de raiz de fitolaca, 12 gramas de flores de marroio, 10 gramas de folhas de abrunheiro e 5 gramas de folhas de cuscuta.

Deixe ferver por 15 a 20 minutos e coar quando estiver frio.

Tomar uma xícara (chá) em jejum, outra à noite antes de deitar.

Efeito: elimina 1 quilo por mês, sem dieta, e até 4 quilos com uma leve dieta, porém tirando da sua vida: pão, açúcar, refrigerantes, margarina ou manteiga etc.

Siga também estas orientações:

- Nas refeições no seu prato deve sempre prevalecer verduras e legumes (mato);
- Depois das refeições ingerir meia colher (sopa) do Vinagre Natural de Fruta Maçã diluída em uns três dedos de água;

- Tenha uma alimentação o mais natural possível.

Conjuntivite

Preparar argila verde com o Vinagre Natural de Maçã. Fechar bem os olhos e aplicar a pasta. Deixe agir por 45 a 60 minutos. Remova com água em temperatura ambiente. Pode fazer de uma a duas aplicações durante o dia.

Cãibras

Ingerir uma colher (sopa) do Vinagre Natural de Maçã diluída em uns três dedos de água. Adoce com mel, caso não seja diabético, três vezes durante o dia.

Banana: Ingerir de duas a três unidades durante o dia, sempre uma hora antes das refeições ou duas horas depois.

Manchas senis

Junte em quantidades iguais vinagre natural de maçã e o sumo de cebola (exemplo: uma ou meia colher (sopa) de cada). Mexer bem, embeber um algodão com a mistura e aplique sobre as manchas e deixe agir.

Paralelamente, ingerir durante o dia uma colher (sobremesa) do Vinagre Natural de Maçã diluída em uns três dedos de água, depois das refeições.

Benefícios com o uso do Vinagre Natural de Fruta Maçã

Ingerir diariamente esse tipo de vinagre (não é o vinagre comum) o sangue mantém-se ou volta a normalizar-se e adquirir a sua alcalinidade e acidez normal. Dissolve o cálcio excedente aderido nas articulações e desobstrui as artérias e vasos sanguíneos. Por causa de seu alto teor de potássio, controla a pressão arterial, combate o colesterol alto e os inchaços. Paralelamente, a pessoa experimenta uma sensação de bem-estar, pois se produz um sono reparador, há o aumento da vitalidade física, combate à fadiga crônica e todo o sistema digestório é favorecido.

Desaparece: os gases intestinais, o amargor da boca e restabelece-se a energia vital em todo o organismo.

Máscara para limpar e clarear a pele

Prepare, em um recipiente de vidro, a argila verde com o Vinagre Natural de Fruta Maçã. Aplique sobre o local desejado. Deixe agir por 60 minutos. Remova a argila com água em temperatura ambiente. Pode fazer uma aplicação diariamente ou em dias alternados.

Queda de cabelos

Siga essas três orientações e normalmente os cabelos não cairão mais, tornando-se mais bonitos, vistosos, brilhantes e fortes.

1. Misture bem duas colheres (sopa) do Vinagre Natural de Fruta Maçã com um litro de água mineral.
2. Faça lavagens nos cabelos e aplique também no couro cabeludo. Deixe agir por 20 (vinte) minutos. Faça de uma a duas aplicações diariamente, durante 5 a 8 dias. Para remover, faça-o no banho, naturalmente.
3. Ingira uma colher (sobremesa) do Vinagre Natural de Fruta Maçã diluído em dois a três dedos de água, uma a duas vezes por dia, sempre depois das refeições. Você poderá ingerir o vinagre por no mínimo 90 dias. Se quiser, pode ingerir o vinagre por quanto tempo desejar.

Pele limpa, saudável e sempre jovem

Diariamente, ou em dias alternados, embeber algodão com Vinagre Natural de Fruta Maçã em partes iguais com água (de boa qualidade) e aplicar sobre todo o rosto, pescoço e busto.

Doenças coronárias e cardiovasculares

A maçã é poderosa na prevenção dessas doenças. Esta fruta forma, em conjunto com o extrato de uva *(veja como ele é feito no texto sobre a uva, neste livro)* e a pera, o trio mais eficaz para reduzir o risco de doenças coronárias e cardiovasculares. Tal eficácia se deve à presença, nessas frutas, dos flavonoides, uma categoria de substâncias que têm propriedades antioxidantes e, por isso, reduzem a oxidação do mau colesterol (LDL), responsável pelo desenvolvimento de doenças cardiovasculares. Os flavonoides também são encontrados em castanhas, vegetais, grãos, chá verde e em algumas ervas medicinais.

Durante o período em que faz a reposição hormonal (sintética), a mulher consegue manter-se livre desses problemas, porém, quando deixa de fazê-lo, fica totalmente desprotegida (após a menopausa). A partir daí, então, é fundamental aumentar o consumo de frutas e vegetais para prevenir-se, pois esse tipo de doença tem sido responsável por um terço de óbitos nessa faixa etária.

A mulher que fez ou está fazendo reposição hormonal natural fica pouco propensa a esses problemas. Isso porque, por esse método, são encontrados os flavonoides em quantidades satisfatórias. Portanto, as mulheres não devem deixar de usar esses alimentos. (Veja o tópico "Alimentação para o período da manhã — reposição hormonal", em *Os Vegetais*, deste autor, p. 153.)

Maçã: Ingerir de 1 a 2 unidades durante o dia. Mastigue-as bem.

Pera: Ingerir de 3 a 5 unidades por semana (mastigue-as bem), ou uma unidade diariamente.

Extrato de uva: Ingerir um copo diariamente, ou um copo de 3 a 5 vezes por semana.

Observação: Você pode utilizar o Vinagre Natural de Fruta Maçã em substituição à própria maçã.

Inflamações da bexiga

Descascar uma maçã vermelha madura, retirar as sementes e cortá-las em fatias. Levar ao fogo em meio litro de água e deixar ferver por 20 minutos. Esfriar, coar e adoçar com uma colher (sopa) de mel. Tomar uma xícara (chá) 2 vezes durante o dia.

Cistite e uretrite

Ingerir de 2 a 3 copos de suco de maçã por dia.

Palpitações cardíacas

Ingerir uma colher (sopa) de Vinagre Natural de Maçã 2 vezes durante o dia.

Hemorroidas (combate e prevenção)

Ingerir várias maçãs durante o dia.

Fortalecimento do cérebro e combate à pneumonia.

Ingerir 2 maçãs pela manhã em jejum, cozidas no vapor; deixar cozinhar por cerca de 10 minutos.

Suco para aumentar a disposição, proporcionar mais energia e vigor, acelerar o metabolismo e tem propriedades emagrecedoras.

O que vai precisar:

Uma maçã vermelha com a casca (lave bem externamente);

Uma fatia de abacaxi com miolo e casca (lave bem externamente);

Dois ramos de salsa com o talo (lavar antes);

Duas folhas de couve com os talos (lavar antes);

Uma cenoura com a casca (lavar antes);

Um pepino médio com a casca (qualquer tipo, lavar bem externamente).

Como preparar

Passar todos os produtos na centrífuga.

Como usar: Tomar o suco puro imediatamente pela manhã antes de alimentar-se.

Se quiser comer mais alguma coisa, faça-o de 20 a 30 minutos depois.

Contraindicação: Quem tem Hipertireoidismo.

No suco predominará a cor verde.

MAMÃO

(Doce)

Infelizmente existem pessoas que só comem mamão quando se hospedam em hotel, durante o café-da-manhã. Quem age dessa maneira está cometendo um grande erro, pois se priva das intermináveis propriedades terapêuticas da fruta. Coma mamão sempre. Use e abuse. Ele é bonito, gostoso e só faz bem. Para ter um bom funcionamento dos rins e do fígado durante o dia, basta logo pela manhã comer mamão; afasta as possibilidades de prisão de ventre, deixa a pele sadia e os olhos brilhantes. Após uma "balada", o melhor alimento antes de deitar-se e durante a manhã é o mamão. Você verá que até o meio-dia os efeitos da "ressaca" desaparecem e você já está em forma outra vez. Quando comer o mamão, não jogue fora as cascas, passe-as suavemente no rosto, do lado da polpa, e sua pele ficará macia e vistosa. As folhas do mamoeiro, amassadas, nos servem de base para massagens nas mãos e pés. Fazendo constantemente esta massagem, suas mãos e seus pés ficarão macios e livres de calosidades.

Possui as vitaminas A, B1, B2, B3, B5, B6 e C. Sais minerais: potássio, cálcio, fósforo, ferro, manganês e sódio. Fibras. Ácidos: cítrico, málico e oxálico.

100 gramas de mamão maduro contêm 18 gramas de carboidratos, 3 gramas de fibras e 37 calorias. Na verdade, não existem dietas que proíbam o consumo de mamão, exceto para

diabéticos que, se fizerem uso dele, assim o façam com bastante parcimônia.

Indicado para problemas gástricos, disfunções do fígado e dos rins, anemia, reumatismo, alterações da tireoide, alergias, erupções cutâneas, hemorroidas, inflamações do útero, colesterol alto. Doença de Alzheimer, bastam 3 fatias/dia, longe de refeições. Refaz e mantém todo o sistema imunológico, protege a córnea e previne a perda da visão.

O mamão tem a papaína, uma enzima atuante que facilita a digestão sem agredir as paredes do estômago, age contra a azia e refluxo gastroesofágico. Ela proporciona melhor assimilação das proteínas no nosso organismo, fortalece e preserva todos os tecidos, previne a flacidez e dilui os tecidos mortos. Outra grande virtude desta enzima é que age em meios ácidos, alcalinos e nos neutros, ao contrário de outras enzimas como a pepsina (que existe no estômago) e que só atuam no meio ácido. Encontramos também a pepsina como um tipo de fermento que entra na composição de vários medicamentos para o sistema digestivo; e há a tripsina, que só age no meio alcalino.

A polpa contém anti-inflamatórios, mucilagens protetoras da pele e das mucosas e substâncias levemente laxantes, que também tonificam o fígado e combatem o colesterol.

Suas sementes são vermífugas. Para isso, ingerir de 6 a 8 sementes com mel diariamente, e quando estão frescas e bem mastigadas ajudam a excreção da bílis. Também regenera o fígado.

Quando o mamão estiver "de vez" quase maduro, deve ser embrulhado com papel ou guardado em local fresco e escuro, desde que você pretenda que ele amadureça mais rapidamente. Nunca deve ser riscado, pois o líquido leitoso que sai contribui para a perda do seu sabor e valor nutritivo, e há riscos de substâncias estranhas poderem penetrar na fruta.

Indicações

Clarear a pele e manchas

A utilização do mamão (papaia) é muito eficaz nestes casos graças à presença do ácido ascórbico (vitamina C). A alta concentração desse ácido consegue até clarear manchas provenientes do limão e de outras origens. Para tanto, aplicar diariamente a polpa sobre a região a ser clareada e deixar agir por 30 minutos, aproximadamente. Em seguida:

1) Lavar a região com água fria.

2) Secar bem a região e aplicar o óleo de rosa mosqueta.

Observação: É importante, antes de aplicar a polpa do mamão, preparar a pele, o que pode ser feito com a mistura de argila medicinal com Vinagre Natural de Maçã. Ou seja, deixar agir por cerca de uma hora e, depois que remover a argila com água fria, aplicar a polpa do mamão. Essas aplicações devem ser feitas sempre à noite, no mínimo por 30 dias ou até atingir o efeito desejado.

Verrugas

Aplicar sobre as verrugas o leite das folhas do mamão e deixar agir. Podem ser feitas 2 ou 3 aplicações por dia.

Asma e colesterol alto

Ingerir sua polpa ao natural ou em forma de suco pela manhã, em jejum, e várias vezes durante o dia, longe das refeições.

Prisão de ventre

Ingerir mamão ao deitar-se e ao levantar-se. Pode ingeri-lo outras vezes durante o dia.

HPV

Fazer um suco de mamão e laranja. Em seguida adicionar uma gota de óleo de copaíba para 10 quilos de seu peso. Ingerir pela manhã em jejum, durante 45 dias.

Estrias

São provenientes da ruptura das fibras de colágeno e elastina da pele responsáveis pela sua elasticidade.

Prepare uma pasta utilizando argila verde e o suco da polpa do mamão papaia bem maduro (a papaína é o agente beneficiador no mamão).

Aplique a pasta sobre o local afetado. Pode fazer uma aplicação diariamente ou em dias alternados. Deixe agir por 45 a 60 minutos. Para remover a argila, utilize bucha vegetal molhada em movimentos circulares e suavemente para não agredir a pele.

Depois que remover a argila, massageie o local suavemente e em círculos, utilizando: Óleo de amêndoas, ou de andiroba ou de rosa mosqueta.

MANGA
(Doce)

Tem origem asiática. No planeta existem aproximadamente 1500 tipos de manga. A Índia é o maior produtor mundial. Lá existem mais de 1000 variedades. Sua cultura espalhou-se nas regiões tropicais e subtropicais, onde teve fácil adaptação.

No Brasil, existem inúmeras variedades dessa fruta que possui propriedades medicinais, é de grande valor nutricional, excelente sabor e muito bonitas. Os tipos mais conhecidas são: Rosa, Palmer, Tommy, Haden, Espada e Coquinho. O Brasil possui cultivo de mangas que são exportadas e muito desses cultivos encontram-se no Nordeste, ao longo do Rio São Francisco. Esta fruta, em todo o mundo, é considerada como a rainha das frutas, a fruta do amor eterno; na verdade esta é mais uma dádiva da Natureza.

Na manga encontramos as vitaminas: A, B1 (tiamina), B2 (riboflavina), B5 (ácido pantotênico), C e E. Os sais minerais: potássio, fósforo, magnésio, cálcio, silício, ferro, zinco, cobre, manganês, selênio e sódio. Além de fibras, proteínas, carboidratos e lipídios (gorduras). Convém ressaltar que a manga só proporciona ganho de peso (engorda) quando consumida em excesso. 100 gramas de manga contêm em média 63 calorias.

Considerada alimento e purificadora do sangue, uma manga madura fornece a um adulto toda a vitamina A de que ele necessita por um dia, ¼ das fibras e uma combinação de minerais e outros nutrientes muito importantes para as necessidades diárias do organismo.

É uma poderosa fonte de antioxidantes, notadamente pela presença de quercetina, que são capazes de combater os radicais livres responsáveis pelo envelhecimento das células e zelar pelo bom funcionamento das artérias e do coração, além de ser um excelente hidratante natural. A grande quantidade de potássio encontrado na manga, cerca de 135 mg em 100 gramas da polpa, a torna eficaz contra o infarto e o câncer. Esse mineral também é fundamental para o funcionamento e sustentação de quase todas as células e controle da pressão arterial.

Suas fibras contribuem para baixar o colesterol, regular as funções intestinais e o trânsito local, o que favorece a eliminação de possíveis elementos carcinogênicos. Na manga existe uma fibra solúvel chamada pectina, que pode apresentar efeito hipoglicemiante, em virtude de retardar a digestão do amido e de outros polissacarídeos. Dessa forma, a glicose vai sendo liberada do estômago para o nosso intestino de modo mais lento e, em consequência, a sua absorção também ocorre mais vagarosamente, evitando elevação muito rápida e intensa de glicose no sangue do diabético. Portanto, a manga é indicada no tratamento dos diabéticos (dados do livro *Pharmacia de alimentos* — conforme pesquisa desenvolvida pela Profa. Dra. Jocelma Mastrodi Salgado — Madras Editora).

Consumir a manga de forma *in natura* permite não haver desperdício de nutrientes. Em forma de suco existem bem menos fibras que ao natural, especialmente quando coado.

Indicações

Gastrite, úlceras e problemas das vias respiratórias

Ingerir de um a três copos do seu suco durante o dia. Se quiser, pode adicionar umas 5 folhas de salsa. Caso queira adoçar, utilize somente mel.

Suco das cascas para varizes

Cinquenta gramas das cascas para 500 ml de água. Ferver por 3 a 5 minutos e ingerir de uma a duas xícaras durante o dia.

Escorbuto (falta de vitamina C)

Comer manga naturalmente ou ingerir por dia de um a dois copos de suco puro (não coar) dela. É melhor centrifugar. Se quiser adoçar, utilize o mel.

Bronquite

Utilizar o suco ou centrifugar adoçado com mel.

MANGABA

(Ácida)

A mangaba é uma fruta tropical, de origem brasileira. Seus frutos apresentam polpa de coloração branca. Seu sabor é agridoce e aromático. Só deve ser consumida quando madura.

Vitaminas: A, B1, B2 e C. Sais minerais: Cálcio, ferro, fósforo.

A fruta pode ser consumida ao natural, em forma de suco, geleia, sorvete, xarope e outras formas.

O chá da casca da árvore ou as folhas de mangabeira é eficaz contra hipertensão, tem ação vasodilatadora que regula e mantém a pressão arterial normal. É também utilizada contra gripes, resfriados, problemas renais e cólicas menstruais.

A fruta madura sob a forma de suco é utilizada contra colesterol alto e diabetes.

Indicações

Tuberculose e Úlceras

Usar o suco leitoso extraído da polpa da fruta.

Vermes

Ingerir o suco da fruta com as sementes.

Males do fígado e do baço

Tomar o chá da casca da árvore.

Cólicas menstruais

Beber o chá sob a forma de decocção da casca da árvore, ou infusão das folhas.

Icterícia, afecções hepáticas

Usar o extrato feito da casca da árvore.

Como fazer o chá da casca da mangabeira:

Junte meio litro de água e duas colheres (sopa) da casca picada. Deixe ferver por 10 minutos, esfriar e coar. Pode ingerir de duas a três xícaras do chá durante o dia.

Na região, tem-se o hábito de beber o chá também gelado.

Manchas escuras no rosto (de qualquer procedência):

Junte um pouco do leite da mangabeira e misture com um pouco de água. Embeber algodão com a mistura e aplique sobre as manchas à noite antes de deitar-se. Pela manhã lave o rosto com água em temperatura ambiente. Aos poucos as manchas desaparecerão por completo.

MARACUJÁ

(Semiácida)

Depurativo, sedativo e anti-inflamatório.

O maracujá é um poderoso calmante em virtude da presença de uma substância chamada passiflora ou maracugina. Ele também possui proteínas e as vitaminas A, B1, B2, B5 e C. Minerais presentes: cálcio, ferro e fósforo.

No Brasil existem mais de 15 variedades de maracujá. Os sucos artificiais e industrializados perdem toda a vitamina B, metade da A e C, além de conter conservantes e corantes artificiais.

Indicações

Ansiedade, insônia, irritação, convulsão, excitação nervosa, tensão, depressão, diarreia, bruxismo e para reforçar o sistema imunológico

Ingerir o suco do maracujá ao natural, adoçado com mel. Bater a polpa rapidamente com sementes. Em seguida, coar e adoçar com mel.

Uma opção melhor do que o suco é preparar o seguinte chá:

Utilizar 4 folhas do maracujá para uma xícara (chá) de água e ferver por 2 a 3 minutos. Ingerir de 2 a 3 xícaras (chá) por dia.

Hemorroidas

Socar folhas frescas até virar uma pasta e misturar com argila medicinal. Em seguida, aplicar sobre as hemorroidas.

Gota, artrite e erisipela

Aplicar no local afetado sob a forma de banhos (folhas secas ou frescas) ou cataplasma com argila medicinal.

Diabete — farinha de maracujá

Conforme pesquisas realizadas pela Universidade Federal do Rio de Janeiro, a farinha de maracujá possui princípios ativos eficazes para a regularização das taxas de glicemia e no combate ao colesterol alto. O adulto deve ingerir por dia de 1 a 2 colheres (sopa) da farinha misturada com a alimentação, ou adicioná-la a sucos. Deve-se medir sempre a taxa de glicemia, fazer este acompanhamento com regularidade, assim evita a possibilidade de a pessoa poder entrar em estado de hipoglicemia. Quando a taxa de glicemia atingir os níveis desejados, deve-se diminuir também o consumo da farinha, é lógico.

Como preparar

Higienizar cascas de maracujá: a parte amarela com a parte branca interna. Deixar secar bem no sol por vários dias, até que elas fiquem torradas, ou secá-las no forno. Para ambos os casos é importante observar que durante o processo de secagem elas não devem sofrer calor acima de 45º, isto porque as cascas de maracujá possuem enzimas e pectina, as quais são eliminadas quando sofrem calorias superiores a 45º.

Em seguida, triturá-las até que se tornem um pó. E ingerir conforme orientação acima.

MELANCIA
(Monofágica)

A melancia é uma fruta que possui excelentes propriedades diuréticas e por isso é recomendada aos que têm problemas renais, reumatismo e ascites. Quando ingerimos melancia, ela provoca limpeza dos filtros renais e ajuda bastante na eliminação do ácido úrico e nos problemas das vias urinárias. Previne problemas do fígado, da próstata, por causa da presença de uma substância chamada licopeno. Seu consumo constante melhora as funções intestinais, em forma de suco ou ao natural.

A parte branca e sementes possui um fitonutriente chamado citrulina. Quando ingerida em forma de suco se transforma em arginina, que é precursora na formação do óxido nítrico que causa vasodilatação e relaxamento muscular.

Deve ser ingerida quando estiver madura, não é indigesta. A maneira correta de ingeri-la é uma hora antes das refeições ou duas horas após.

Em sua composição, 97% é água. 100 gramas têm 31 calorias.

Suas vitaminas são A, B1, B2, B5, C e traços da B12. Minerais: fósforo, cálcio e ferro.

Indicações

Reumatismo

Fazer o suco da polpa com as sementes. Coar e ingerir um copo pela manhã e outro durante o dia.

Problemas urinários e bronquite

Ingerir um copo do suco, de 1 a 3 vezes por dia (não adoçar).

Ácido úrico (diminuir os níveis) e infecção urinária

Ingerir durante o dia de 2 a 4 copos do suco de melancia.

Cistite e inflamações da bexiga

Ingerir por dia de 1 a 3 copos do suco de melancia ou comer o fruto ao natural.

Erisipela

Uso externo: triturar a polpa e a casca. Uso tópico: sob a forma de cataplasma.

Próstata

Ingerir de dois a três copos do suco puro da polpa por dia.

Suco desintoxicante do organismo

O que vai precisar:

200 gramas da polpa de melancia;

150 gramas de morango;

5 galhos de hortelã;

5 galhos de salsa.

Modo de preparo:

Passar tudo na centrífuga e ingerir imediatamente.

Outra opção: Colocar os ingredientes no liquidificador, bater bem e ingerir em seguida.

Se houver sobras, inutilize-as.

MELÃO
(Monofágica)

Vitaminas: A, B1, B2, B5 e C. Sais minerais: potássio, sódio, cálcio, fósforo, ferro, zinco, magnésio, além de ácido fólico.

Funciona como um verdadeiro antiácido, pois a maioria dos seus sais é alcalina. É diurético e alcalinizante.

Por fermentar rápido no estômago, é aconselhável ingeri-lo uma hora antes das refeições ou duas horas após.

100 gramas têm 30 calorias. Não deve fazer uso do melão quem tem estômago dilatado, dispepsia.

O melão maduro é calmante, alcalinizante, mineralizante, emoliente. Suas sementes possuem cálcio, pode secá-las ao sol, triturá-las e ingerir uma colher (sopa) durante o dia, misturada a sucos, vitaminas, ou semear sobre a alimentação.

É recomendado contra reumatismo, gota, colite, cistite, nefrite, uretrite, hipertensão e também quando houver problemas na menstruação, no útero ou nos ovários.

Indicações

Cólicas menstruais e uterinas

Ingerir diariamente 2 copos de suco de melão puro. O primeiro deve ser ingerido pela manhã em total jejum, e só se alimente 30 minutos depois. Pode fazer uso do suco por quanto tempo desejar.

O seguinte chá serve também para ciclos menstruais irregulares: 10 gramas de poejo, 10 gramas de erva-cidreira e meio litro de água mineral.

Ferver a água de 3 a 5 minutos e despejar sobre as plantas (misturá-las bem), cobrir o recipiente e deixar descansar por 10 minutos.

Ingerir 2 xícaras do chá por dia, 10 dias antes da menstruação e 5 dias depois.

Miomas

Ingerir um copo do suco puro de melão pela manhã em total jejum, durante 30 dias, e só se alimente 30 minutos depois.

Para um tratamento mais eficaz para este problema, seguir as seguintes instruções:

Aplicar argila medicinal na região do baixo-ventre por 30 a 45 dias e deixar agir por uma hora e meia.

Ingerir chá de duas ervas medicinais: unha-de-gato e uxi amarelo, preparar o chá sob a forma de infusão, na proporção de uma colher (chá) de cada planta para uma xícara de água, ingerir de 2 a 3 xícaras (chá) por dia e não adoçar, durante 45 a 60 dias.

Calmante

Ingerir o suco puro adoçado com mel.

Cirrose hepática, hepatite, cardíacos, cálculos renais, gota, reumatismo, colite, artrite e como anticoagulante.

Ingerir o suco puro.

Perda de minerais após caminhadas e corridas

Depois da prática dessas atividades e outras que ocorra transpiração, normalmente se perde os minerais potássio, magnésio, zinco, ferro e sódio. Ingerir um copo de suco puro de melão ou comer a fruta naturalmente repõe os minerais perdidos.

MORANGO

(Ácida)

É um fruto que crescia espontaneamente nas montanhas e florestas, até que começou a ser cultivado, por volta do ano 1400, pelos franceses. Depois ingleses, alemães e italianos passaram a cultivar a planta, promovendo melhoramentos genéticos que aumentaram o tamanho do fruto.

Suas vitaminas são A, B1, B2, B5 e C. Sais minerais: potássio, sódio, cálcio, fósforo, silício, ferro e cloro.

Alimento de muitas virtudes, o morango é nutritivo, alimenta sem engordar, pois é pobre em carboidratos. Seu açúcar é de levulose, o que é permitido para os diabéticos. Evite usar açúcar ao comer ou preparar o seu suco, pois pode causar fermentações indigestas. É melhor adoçá-lo com mel, desde que não seja diabético. É tônico, mineralizante, antitérmico, diurético, antiartrítico, desintoxicante, regulador hepático, do sistema nervoso e das glândulas endócrinas e hipotensor. Combate a bronquite, os cálculos renais, o reumatismo, a anemia e a gota. Previne gripes, resfriados e constipações.

Deve ser evitado por quem sofre de má digestão. Portadores de doenças cutâneas e alérgicos também deverão evitá-lo, pois estarão sujeitos ao aparecimento de ardor e irritação da pele. Evite adoçá-lo com açúcar refinado. 100 gramas de morango têm 32 calorias. Antes de ingeri-lo, lavá-lo com água e limão.

O morango é mais rico em vitamina C que a laranja e o limão. Contém 10% de proteínas, 8% de açúcares e 1% de sais minerais (ferro e sódio). É também rico em vitaminas E e A, portanto, uma fonte de antioxidantes, um dos melhores amigos da pele.

Recomendado para diabéticos, reumáticos e pessoas com gota. É responsável por evitar cálculos renais, ácido úrico e aumenta a resistência a infecções. Ainda é considerado purificador do sangue, e seu chá é um ótimo vermífugo. Tem fisetina que alimenta o cérebro e estimula suas funções.

Na medicina natural, os morangos são utilizados para limpar o aparelho digestivo e, de um modo geral, são muito importantes nas dietas para a hipertensão e retenção de líquidos. São benéficos também para minorar problemas ósseos e anemia.

Um tratamento à base de morangos, que consiste no consumo de 300 a 500 gramas por dia, é por vezes aconselhado por causa dos seus efeitos laxativos e diuréticos. É um preventivo natural dos problemas ligados à visão, como a catarata. A fruta reduz riscos de infecções, previne e combate os cálculos (renais e biliares), artrite, gota, icterícia, elimina o ácido úrico e expulsa vermes, inclusive a solitária. Em todos os casos em que se pretende utilizar o morango no combate às mais diversas doenças, deve-se evitar os alimentos que sejam ricos em ácido úrico, como feijão, ervilha, grão de bico, lentilha, carnes, vísceras, pão branco (fresco) e soja.

Indicações

Fígado e rins

Chá das raízes, sob decocção. Ingerir 1 xícara 2 vezes por dia.

Celulite, artrite, artrose e reumatismo

Ingerir de 2 a 3 copos por dia do extrato de morango (o seu extrato é obtido quando cozido no sistema a vapor: colocar os morangos na travessa perfurada, encaixada dentro da travessa lisa, deixar no vapor por cerca de 30 minutos).

Suco de morango contra celulite

10 morangos grandes;
1 colher (chá) da erva medicinal marapuama;
Adicionar água;
Bater tudo no liquidificador e ingerir.

Sardas

Misturar em quantidades iguais o extrato de morango e o suco puro de limão, adicionar argila medicinal, preparar a pasta. Quando ela estiver com a textura de iogurte, aplicar sobre as sardas. Deixar agir por cerca de uma hora e meia. É aconselhável fazer a aplicação à noite. Se for feita durante o dia, só tomar sol depois de 3 horas.

Ácido úrico, artrite, gota e doenças do fígado

Ingerir morangos ao natural ou em forma de suco, de 300 a 500 gramas por dia.

Febre

Ingerir suco de morango, várias vezes durante o dia. Não adoçar.

Alimentação matinal

Ingerir morangos batidos no liquidificador, misturados com iogurte natural e adoçados com mel.

Tártaro

Amassar o morango e aplicar com os dedos sobre as gengivas, várias vezes durante o dia.

Suco de morango com coco

10 morangos grandes;

100 gramas de polpa de coco verde;

Água a gosto e adoçar com mel.

Bater bem no liquidificador e ingerir.

Esse suco é revitalizador do organismo, energético.

NOZES
(Oleaginosas)

Esta árvore natural da Pérsia adaptou-se ao Brasil nas regiões frias e altas.

Vitaminas: A, B1, B2, B5, E e C. Sais minerais: fósforo, cálcio, potássio, ferro, selênio, zinco, lítio e sódio. Contém ômega 3 e 6, ácido linolênico. Aminoácidos triptofano e arginina.

É um poderoso tônico cerebral e do sistema nervoso, previne e combate o câncer de mama até mesmo em estágios avançados, forma e fortalece os tecidos, é antidiabética, antianêmica, nutriente e laxante. Protege o coração, evita o cansaço. É detentora da maior fonte de gordura insaturada, diminui o colesterol ruim (LDL). Consumir 30 g diariamente pode reduzir até 0,4 pontos em um mês. Outra grande virtude é que ele evita o crescimento da próstata, assim como previne o câncer a ela ligado.

Normalmente pode ingerir diariamente de 3 a 5 unidades, devendo ser bem mastigadas. Vale lembrar que 100 gramas contêm 725 calorias e sua composição tem 64% de gordura. Diante desses valores aconselha-se ingerir pequenas quantidades por dia.

A casca de nozes Pecan é utilizada sob a forma de chá contra a doença de *Parkinson*, problemas do útero e ovários, colesterol alto, purifica o sangue, hipertensão.

Indicações

Prisão de ventre

Bater no liquidificador nozes, mamão e adicionar água. Ingerir imediatamente, sem adoçar.

Clorose, tuberculose, artrite, gota e anemia

Tomar chá das folhas (uma colher de chá das folhas para uma xícara de água) da nogueira, sob a forma de infusão. Ingerir de 1 a 3 xícaras durante o dia. Não adoçar.

Gripes e resfriados

5 unidades de nozes contêm 1/6 da dose diária recomendada do mineral zinco. Este mineral é essencial para o funcionamento das células de defesa do sangue, que brigam contra vírus e bactérias.

Diabetes

Fazer chá das cascas do fruto verde, sob a forma de decocção. Utilizar 20 gramas em meio litro de água. Ingerir uma xícara duas vezes durante o dia, sem adoçar.

Doença de Parkinson

Em geral acomete pessoas com mais de 50 anos, causa tremor e agitação nos membros, sobretudo nas mãos.

O que vai precisar:

- Uma colher (sopa) da casca de nozes-pecan moídas.
- Dois litros de água mineral.

Como preparar:

Juntar tudo e ferver por 1 minuto. Deixar esfriar, não adoçar nem coar. Beber de 8 a 12 copos por dia desse chá, substituindo a água. O chá deve ficar bem ralinho. Se ficar mais forte, acrescentar mais água. Quando perder a cor, jogar fora e preparar outro. Nos primeiros dias pode causar diarreia, mas logo se normalizará.

Usar o chá por 60 dias. Não pode fumar ou ingerir álcool. Evitar carne vermelha e açúcar refinado.

Lábios ressecados e calcanhar rachado

Para manter os lábios macios, sem ressecamentos e sem rachaduras, como também o calcanhar, é necessário substituir as células velhas da pele por células novas. O ômega 3, presente nas nozes, é eficaz nessa renovação o tempo todo.

Ingerir de 5 a 8 unidades durante o dia ao natural. Mastigue-a bem antes de ingeri-la. Pode também adicioná-la a sucos naturais como pêssego, morango, caju, e não adoçar.

PERA

(Semiácida)

Com mais de duas mil variedades (originária da região mediterrânea, principalmente da Grécia), apresenta 85% de água, 13% de hidratos de carbono (açúcares) e 0,5% de sais minerais (potássio, sódio, cálcio, fósforo, zinco, enxofre, magnésio, silício, ferro, cobre e níquel), além de fibras que estão impregnadas em sua maioria na casca. Possui as vitaminas B1, B2, B5 e C.

É o fruto que fornece maior quantidade de pectina, uma fibra solúvel que ajuda a fazer as digestões pesadas e atua como regulador da função intestinal (ideal para evitar obstipação). É muito importante na alimentação para os diabéticos, pois possui um índice glicêmico baixo. Tem a capacidade de manter estáveis os níveis de colesterol, pois contém muitas fibras solúveis.

Trata-se então de uma fruta recomendada para nefríticos, diabéticos, convalescentes e hipertensos. É laxante e purificadora, e usada em enfermidades intestinais e nutricionais. Também estimula todas as funções cerebrais, revigora e acalma os nervos, contribui na formação do sangue, contém grandes propriedades mucolíticas, ajuda a baixar o nível de ácido úrico. Muito benéfica contra a hipofunção da glândula tireoide pelo seu conteúdo em iodo.

Eficaz no combate à hipertensão arterial, deve-se ingerir diariamente de 3 a 5 unidades, ou um copo do seu suco 3 vezes durante o dia. Logo de manhã e em total jejum, ingerir uma pera ou o suco e alimentar-se uma hora depois. As demais, ingeri-las uma hora antes das refeições ou duas horas após. Você que trabalha em escritório, que tem uma atividade mental muito intensa, não se esqueça de comer uma pera durante o dia. Ela é eficaz na reposição dessas energias.

Indicações

Cistite

Chá das folhas: uma colher (chá) das folhas para uma xícara de água, sob a forma de infusão. Ingerir uma xícara 3 vezes durante o dia, sem adoçar.

Hipertensão

Ingerir de dois a três copos por dia do suco puro da fruta, ou de 3 a 5 frutas ao natural durante o dia. O tratamento deve ser feito por no mínimo 15 dias. O resultado é surpreendente.

Suco desintoxicante do organismo

Duas peras com a casca

Duas folhas de couve

40 g de salsão

20 g de agrião

Modo de preparo: Centrifugar os ingredientes e ingeri-los.

PÊSSEGO

(Ácida)

Com origem nas montanhas do Tibete e da China, onde ainda hoje é símbolo de longevidade, o pêssego foi cultivado pela primeira vez em 3000 a.C. Por volta de 2000 a.C. chegou à Grécia, e o restante da Europa não tardou em se beneficiar nutricionalmente deste fruto.

É ideal para quem está sob dieta de emagrecimento, uma vez que tem pouquíssimas calorias. É considerado também um purificador natural da pele e um dos frutos mais bem tolerados pelo estômago; ingeri-los sempre ao natural e evitá-los após as refeições.

Contém tanta quantidade de hidratos de carbono (como as maçãs) que sua capacidade mineralizadora e o seu ácido são bastante benéficos ao aparelho digestivo. É um fruto rico em vitaminas A, B1, B2, B5 e C. Rico também em potássio, em 100 gramas possui 215 mg, além de magnésio, zinco, selênio, fósforo, cálcio, ferro, níquel e sódio.

Possui propriedades laxantes e depurativas do sangue, além de ser desintoxicante. É muito indicado nas afecções do fígado, herpes e nas enfermidades do pulmão. Tem ainda propriedades diuréticas e é recomendado em casos de retenção de urina e cálculos. É responsável por tonificar todo o organismo, estimular o apetite, e excelente para a digestão e o metabolismo, produzindo efeitos sedativos e expectorantes. A presença de antioxidantes como carotenos, flavonoides e vitamina C faz dele uma importante ferramenta no combate às doenças cardiovasculares, à gengivite, à infertilidade masculina e à hipertensão.

O pêssego é eficaz na limpeza e desintoxicação da vesícula. Combate o estresse e a insônia. É um verdadeiro bálsamo para o sistema nervoso.

As folhas do pêssego possuem uma substância, o ácido cianídrico, que é prejudicial à saúde. Se for ingerir o chá das folhas, procure orientação de um profissional ligado à área da saúde.

Indicações

Para regularizar as funções intestinais e rins, fortalecer o fígado, baço e pâncreas.

Ingerir por 30 dias consecutivos e em total jejum um copo de suco de pêssego (nunca adoçar). São suficientes duas unidades para um copo de água, alimente-se uma hora depois. Também faz surgir uma pele nova, sem manchas, sem cravos, sem espinhas, e dá um novo vigor físico, mais disposição, mais energia, enfim, esse suco muda tudo em você.

Hipertensão

Ingerir durante o dia de 2 a 3 copos de suco de pêssego puro: bater no liquidificador 2 pêssegos com um copo de água. Não adoçar; ingerir imediatamente. Pode também comer os frutos. Neste caso, não se esquecer de mastigá-los bem antes de ingerir.

Outras frutas boas: pera, melancia e o suco de limão.

Alimentar-se diariamente com arroz integral e nabo ralado, que pode ser temperado com Vinagre Natural de Fruta Maçã.

Câncer

Procurar inserir o pêssego na sua dieta diária.

Anemia

Ingerir o suco de pêssego puro, adoçado com melado de cana ou mel.

Estresse, insônia

Tomar suco de pêssego adoçado com mel.

PISTACHE

(Oleaginosa)

Em sua composição existe vitamina A, B1 (tiamina), B2 (riboflavina), B3 (niacina), B6 (piridoxina) e vitamina E. Sais minerais: cálcio, magnésio, ferro, cobre, potássio, fósforo, zinco, selênio.

Rico em luteína — é um carotenoide essencial para a saúde e proteção dos olhos, do nervo ótico e das delicadas estruturas que se situam na parte posterior do olho, prevenindo e combatendo a catarata ligada ao envelhecimento, assim como prevenindo a degeneração macular (problema que pode levar à cegueira). O pistache possui os dois maiores defensores dos olhos: luteína e zeaxantina.

Ótimo para reduzir o mau colesterol — o que previne doenças cardíacas. O coração é fortalecido e protegido por causa da presença dos *fitoesteróis* encontrados em abundância no pistache.

É eficaz contra os radicais livres pelo seu alto teor de antioxidantes.

Ajuda a controlar a pressão arterial. Duas porções que cabem na palma da mão contêm mais potássio do que uma banana.

Ele é ótimo para o coração por causa da presença do aminoácido arginina, proporcionando inúmeros benefícios às pessoas que sofrem de angina ou de traumas graves. Esse aminoácido é importante na divisão celular para a remoção da amônia do corpo, liberando hormonas e ajudando a manter o sistema imunológico saudável.

O pistache é bastante calórico; em 6 unidades oferecem 129 calorias. Tenha cautela com o seu consumo. Mas não devemos esquecer de que os seus benefícios são inúmeros, consuma-o com moderação.

O pistache começou a ser cultivado nas Terras Santas do Oriente Médio, em regiões do alto deserto. Naquela época os casais se encontravam em baixo das árvores para ouvir o estalo dos pistaches se abrindo. Eles procediam dessa forma à noite, à luz do luar, para ter boa sorte no amor e para que esse relacionamento fosse perene. Em casamentos costuma-se colocar na mesa um prato de pistache, segundo a lenda proporciona os mesmos efeitos, e os convidados podem comer ou levar como lembrança.

PITANGA
(Semiácida)

Em 100 gramas de pitanga há 38 calorias, vitaminas A, B2, B3 e C. Sais minerais: cálcio, ferro e fósforo. Encontramos ainda proteínas e também licopeno, substância esta que previne o câncer, principalmente o câncer de próstata. É uma fruta que ajuda no processo de digestão.

Seus frutos em forma de suco ou ao natural são diuréticos e fortalecem o sistema imunológico.

O chá de folhas secas de pitanga (em forma de infusão) é vermífugo e combate a pressão alta, reumatismo, febres em geral, diabetes, e ainda é ótimo para a próstata.

Indicações

Bronquite, gota, reumatismo, verminose, hipertensão, ansiedade, estados febris e afecções do fígado

Ingerir uma xícara (chá) das folhas, três vezes durante o dia, sem adoçar.

Insônia, ansiedade e estresse.

Ingerir um copo do suco de pitanga de duas a três vezes durante o dia. À noite, pode adoçar com mel e ingerir um copo antes de deitar-se. Esses benefícios são em virtude da vitamina B3, o magnésio, zinco e selênio.

Próstata

Secar as folhas de pitanga ao sol, fazer chá destas folhas, sob a forma de infusão, utilizando uma colher das folhas secas para uma xícara de água. Ingerir de duas a três xícaras (chá) durante o dia. Não pode adoçar.

Paralelamente, pode também ingerir o suco.

PITAYA

(Semiácida)

Popularmente é conhecida como a fruta do dragão. Existem três variedades dessa fruta.

Ela possui ômega 3. Vitaminas A e C. Sais minerais: Magnésio, cálcio, fósforo, ferro e potássio. Na fruta existem duas substâncias importantíssimas para a nossa dieta, uma chama-se Glucagon, que proporciona saciedade. A outra se chama Tiramina, que inibe o apetite, e evita a compulsão por doces.

Benefícios da fruta Pitaya

- Fortalece o sistema imunológico;
- Reduz os altos níveis de colesterol;
- Retarda o envelhecimento;
- Controla a hipertensão;
- Controla os níveis de açúcar no sangue.
- Seus oligossacarídeos agem na prevenção de enfermidades como o diabetes e do câncer de cólon.

- Os talos e as flores são indicados para tratamento de problemas renais.
- As sementes evitam ressecamento vaginal e são laxantes.

Modo de consumo:
Ao natural ou em forma de suco.

ROMÃ

(Ácida)

É comum encontrarmos essa pequena árvore enfeitando parques e jardins. Mas a maioria das pessoas desconhecem o valor e o que essa fruta funcional representa para a nossa saúde. Ela está impregnada de substâncias antioxidantes, que contribuem para retardar o envelhecimento precoce e reduzir riscos de doenças como artrite e hipertensão. É também poderosa como anti-inflamatória e antibactercida.

Possui lipídeos, esteróis, antocianinas e outros polifenóis. Hormônios serotonina e traços do estrogênio. Taninos e ácido elágico predominam no fruto e possuem inúmeras propriedades cientificamente comprovadas de ação antiviral, anticancerígeno, analgésico, entre outras.

Vitaminas: B1, B2, B5 e C.

Sais Minerais: Cálcio, magnésio, ferro, potássio, fósforo, zinco, cromo, cobre, magnésio, selênio e sódio.

Aminoácidos: Metionina, prolina e Valina.

Na fitoterapia e na medicina Ayurveda ela é utilizada contra infecções de garganta, diminuir o açúcar no sangue, labirintite, evita o inchaço da próstata e o câncer.

Seu fruto é indicado como diurético, além de ser mineralizante e refrescante. A raiz combate a tênia, um terrível verme que se instala no organismo, causando vários problemas aos sistemas digestivo e nervoso.

Observações:

Na casca da fruta encontram-se taninos, resina, açúcares e as antocianinas.

Nas sementes encontram-se ácidos orgânicos (cítrico, málico e tartárico).

100 gramas de romã contêm 62 calorias.

Indicações

Teníase

A teníase é causada pela ingestão de carne de porco contaminada por não ter sido cozida o suficiente (malpassada). Para eliminá-la proceda da seguinte forma: Deixar em infusão (fria) 60 gramas de raízes de romã, por 24 horas, em 1 litro de água. Depois, ferver tudo até que o líquido se reduza à metade. Deixar esfriar, tomar duas xícaras (chá) com um intervalo de duas horas entre uma e outra. Quatro horas depois, tome uma dose de óleo de rícino. Fazer um repouso por dois dias.

Purifica o hálito, limpa a garganta, fortalece as gengivas e aftas.

Utilizar 30 gramas de flores da romãzeira para 1 litro de água, fazer uma infusão, deixar esfriar e fazer bochechos várias vezes durante o dia.

Próstata

Ingerir o suco da fruta sem adoçar, de dois a três copos durante o dia.

Inflamações, doenças da garganta e fortalecimento das gengivas.

Faça um chá com as cascas da fruta, na proporção de uma xícara de água para uma colher (sopa) das cascas. Deixe ferver por 3 minutos a 5 minutos. Após esfriar, fazer gargarejos diversas vezes durante o dia.

Prepare o chá sempre no momento em que for utilizar.

SAPOTI

(Doce)

Esta fruta, semelhante ao caqui em sabor e nutrientes, é cultivada no Brasil, principalmente no Nordeste.

O seu fruto, quando verde, é rico em tanino, porém quando amadurece essa substância desaparece por completo.

Seu fruto é muito saboroso, doce e não possui substâncias ácidas. Em virtude da presença de fibras, é um laxante suave e eficaz. Facilita a produção de bílis (ação colerética) como sua eliminação (ação colagoga). Excelente no combate às doenças do fígado e da vesícula biliar, tem ainda ação diurética e anti-inflamatória.

As vitaminas do sapoti são A, B1, B2, B5 e C. Sais minerais: cálcio, fósforo, ferro, magnésio, silício, potássio e sódio.

O látex produzido por esta árvore é extraído e utilizado para fabricar a goma de mascar (chiclete). Hoje existem os chicletes artificiais com seivas de outras árvores, inclusive a partir dos derivados de petróleo, às quais são adicionados corantes, conservantes, açúcares, fragrâncias e essências de sabor.

Suas sementes trituradas e diluídas em água são diuréticas e usadas também contra cálculos renais.

O fruto pode ser ingerido ao natural ou em forma de suco.

Indicações

Desnutrição, convalescença

Ingerir naturalmente de 3 a 6 frutos durante o dia.

Diarreia, estados febris e verminose

Usar a casca da árvore, fazer chá sob a forma de decocção, ingerir de 1 a 3 xícaras durante o dia. Não adoçar.

TAMARINDO
(Ácida)

Possui as vitaminas A, B1 e C. Sais minerais: fósforo, cálcio e ferro.

A polpa é rica em ácidos málico, tartárico, cítrico. Quando a sua casca não é retirada, ele se conserva por muito tempo. O seu suco deve ser ingerido tão logo preparado, caso contrário ele pode causar distúrbios intestinais. Em 100 gramas de tamarindo encontramos 230 calorias.

Indicação

Obstipação intestinal

Fazer chá por infusão dos frutos, utilizando 100 gramas para um litro de água. Ingerir de 1 a 3 xícaras durante o dia. Não adoçar.

UVA

(Ácida)

Consta que Mahatma Gandhi, durante os seus longos jejuns, bebia apenas suco de uva puro. A uva possui vitaminas A, C, D, E, K e todas as vitaminas do complexo B, inclusive a vitamina B12 (que é rara nos vegetais); essas vitaminas são chamadas de lipossolúveis.

Encontramos também minerais como: potássio, enxofre, silício, ferro, fósforo, magnésio, cálcio, cloro, sódio e proteínas. Possui ácido fólico, ácido pantotênico (fortalece o sangue), ácido paraminobenzoico, mesoinosital, biotina, colina e nicotinamida, além de substâncias como: flavonoides, polifenóis, resveratrol e leucoantocianidinas.

Flavonoides: Estão presentes nas cascas da uva. São um poderoso hidratante natural da pele, evitam a oxidação das células e que as lipoproteínas, moléculas que reúnem gorduras e proteínas, causem o entupimento das artérias (arteriosclerose). São também anti-inflamatórios. Principal componente do própolis, melhoram a qualidade do sangue, aumentam a taxa do colesterol bom (HDL) e ajudam a inibir a produção de substâncias responsáveis pelo enrijecimento das artérias.

Polifenóis: São substâncias obtidas das sementes da uva, que possuem fenóis em sua estrutura molecular, contribuem para a firmeza e mantêm a elasticidade da pele (dessa forma evitam o rompimento de fibras elásticas da pele, o que causa as estrias), mantendo-a jovem. Isso porque contêm agentes antioxidantes.

Evitam e combatem a gordura localizada e previnem o surgimento da celulite.

Resveratrol: Essa substância que está presente na casca da uva evita o enfarte e o derrame em 70% a 80%, também retarda o envelhecimento e previne doenças do sistema circulatório. É um grande aliado no combate ao câncer e à herpes.

Leucoantocianidinas: Substâncias encontradas somente na semente da uva preta (Santa Isabel). São o maior agente antioxidante do mundo; 60 vezes mais poderosas que a vitamina C.

Esse fruto e principalmente o seu extrato é considerado ideal na recuperação de casos de anemia, fadiga e estresse, graças à sua capacidade de regeneração. Embora não esteja totalmente comprovado, pensa-se que o seu consumo diminui também as probabilidades de desenvolvimento de cancro. Certo é que o seu consumo melhora a função renal (indicada contra nefrite); é excelente ainda no combate aos males do fígado, mal de Alzheimer, deficiência mental, fortalece as funções cerebrais, combate doenças da bexiga e ajuda a eliminar o ácido úrico. O fruto é depurativo do sangue e ligeiramente diurético. O teor de açúcar é elevado, o que faz com que seja muito calórico.

A partir das uvas também se obtém um fruto seco: as uvas-passas, que ajudam no combate à labirintite (as de cor escura). As uvas aumentam a secreção biliar, estimulam os centros nervosos, fortalecem a circulação e proporcionam vigor e pureza ao sangue.

São insubstituíveis no tratamento de inflamações e desordens do aparelho digestivo (fígado e baço), afecções respiratórias e circulatórias, cálculos, enfermidades dos órgãos genitais e urinários, intoxicações. Também são cicatrizantes, um poderoso antioxidante natural.

Esse fruto é um alimento refrescante e energético, tradicionalmente usado para tratar problemas como a artrite e o reumatismo. Pela sua variedade de fitonutrientes, isto é, pela grande quantidade de potássio, as uvas também são usadas para aliviar a retenção de líquidos e a micção dolorosa.

Vale lembrar que as mais escuras possuem maior quantidade desses fitonutrientes. Aliás, quanto mais escura a uva, melhor. Mas o poder medicinal desse fruto, nomeadamente o seu extrato, produz efeitos positivos nos distúrbios hepáticos, como a hepatite, a icterícia e a hipoglicemia.

Aconselha-se ingerir o fruto ou o seu extrato longe das refeições, isto é, uma hora antes ou duas horas depois, uma vez que fermentam no estômago rapidamente. Já para quem tem pressão alta e diabetes, o consumo do extrato e da própria uva deve ser bastante moderado, evitando excessos.

Extrato de uva

O extrato de uva só é obtido no sistema de cozimento a vapor, não contém álcool nem aditivos químicos. Nesse processo conseguimos subtrair da uva as substâncias anteriormente mencionadas, o que não conseguimos comendo-as ou em forma de sucos comuns.

Convém salientar que as substâncias flavonoides, polifenóis e resveratrol são encontradas em quantidades superiores nas uvas pretas ou vermelhas. As leucoantocianidinas localizam-se nas sementes das uvas pretas.

Para preparar o extrato, deixar as uvas por 20 minutos mergulhadas em uma mistura de água com limão, para eliminar o sulfato de cobre, substância que é colocada nas uvas para evitar a propagação de pragas, em seguida colocar as uvas inteiras na travessa perfurada, encaixada dentro da travessa lisa, e deixar cozinhar no vapor por cerca de 30 minutos. Em seguida deixar esfriar, remover o extrato (líquido) que está no fundo da travessa lisa para um recipiente de vidro bem higienizado e guardar na geladeira.

Normalmente com um quilo de uvas conseguimos meio litro de extrato de uva. Como esse extrato não tem conservantes ou aditivos químicos, ele se conserva na geladeira por um prazo entre 5 e 8 dias naturalmente.

Da polpa da uva que ficou na travessa perfurada, podemos remover as sementes, transportá-las para a travessa lisa, adicionar açúcar orgânico ou mascavo e cozinhá-las por mais 10 minutos no vapor. Em seguida teremos uma excelente geleia totalmente natural, livre de conservantes e aditivos químicos.

Máscara para rejuvenescer

Para fazermos a máscara com argila, basta misturá-la com o extrato de uva em um recipiente de vidro e mexer com um pincel. Quando tiver obtido uma pasta com a textura de iogurte ou leite condensado, ficando como um gel, começar a aplicação no rosto e no pescoço.

Deixe-a agir por cerca de uma hora e meia. Em seguida, remova a argila com água e uma esponja ou toalha. Se quiser, pode aplicar um hidratante depois da remoção da argila, mas lembre-se: o extrato de uva já é um hidratante natural tanto para peles oleosas quanto para peles secas. Se ao remover a argila o local estiver vermelho, não se preocupe, logo voltará à sua tonalidade natural; isso ocorre por ter aumentado a circulação periférica.

Essa máscara atenua as marcas de expressão, limpa a pele naturalmente. É um dos mais poderosos hidratantes e também revigorador natural da pele. Clareia, limpa, tem efeito sebostático e é termorreestruturador. Eficaz também na eliminação de manchas etc.

Como coadjuvante no combate ao câncer de pele e outros: aconselha-se ingerir de 3 a 5 copos do extrato de uva puro por dia.

Em quaisquer outros casos: ingerir 1 a 2 copos do extrato de uva por dia. Aconselha-se ingeri-lo sempre uma hora antes das refeições ou duas horas após.

Indicações

Anemia

Ingerir por dia 3 copos do extrato de uva puro. Não adoçar.

Doença de Alzheimer (prevenção e para quem está com o problema)

Ingerir por dia de 2 a 3 copos do extrato de uva.

É importante no caso do mal de *Alzheimer* praticar alguns exercícios como prevenção e até para quem já tem o problema. Sempre que for iniciar algum movimento, faça-o pelo lado contrário. Exemplo: Se usar o relógio no pulso esquerdo, às vezes use-o no pulso direito. Ao vestir-se, procure iniciar a operação pelo lado contrário do que normalmente você o faz. E assim em outros movimentos procure alterná-los.

Falta de apetite

Ingerir uvas durante o dia e o seu suco puro, sem adoçar.

Febre

Ingerir vários copos de suco de uva durante o dia.

Uvas-passas pretas no combate à labirintite

Ingerir de 5 a 8 unidades por dia; pode mastigá-las bem ou ingerir com sucos ou vitaminas.

Problemas coronários

Para evitá-los e combatê-los, ingerir 2 copos por dia do extrato puro de uva.

Pessoas com deficiência mental, memória falha

Com o passar dos tempos, a memória falha e a velocidade do raciocínio diminui.

Ingerir de 2 a 3 copos do extrato de uva por dia.

O extrato de uva previne o problema, mas procure também ler, jogar baralho, fazer palavras-cruzadas.

Câncer de pele e outros

Ingerir de 2 a 5 copos por dia do extrato de uva puro.

Hipoglicemia

Tomar de 2 a 3 copos do extrato de uva por dia. Ingerir também extrato seco de *Pffafia Paniculatta* (brasileira).

Artrite

Ingerir por dia de 2 a 3 copos do extrato de uva. Não adoçar.

Queloide

Aplicar argila medicinal misturada com o extrato de uva sobre a parte afetada, 1 a 2 vezes por dia, durante 60 a 120 dias.

Derrame cerebral (apoplexia)

Ingerir diariamente de 2 a 3 copos do extrato de uva, sem adoçar.

Outras frutas benéficas e que podem ser usadas de modo constante são o abacaxi, o limão (suco), a maçã, bem como o Vinagre Natural de Maçã. Neste caso, ingerir uma colher (sopa) dele diluído em água 2 vezes durante o dia. Se a pessoa tiver gastrite ou úlceras, não utilizar o vinagre.

Aplicar argila medicinal misturada com o Vinagre Natural de Maçã, de 1 a 3 vezes durante o dia nas seguintes partes: sola dos pés, em toda a cabeça ou na testa, pescoço e na parte afetada.

Comer todos os dias em uma ou duas refeições: arroz integral e nabo ralado, que pode ser temperado com Vinagre Natural de Maçã ou limão.

UVAIA

(Ácida)

É também conhecida como uvalha, fruta nativa da Mata Atlântica, encontrada principalmente nos Estados de São Paulo, Santa Catarina, Paraná e Rio Grande do Sul.

A Uvaia tem nome indígena: Ubaia ou Ybaia, que provém do Tupi Guarani e significa "Fruta azeda".

A fruta possui vitamina A, é rica em vitamina C, cuja concentração é quatro vezes maior que na laranja.

Sais minerais: magnésio, cálcio, potássio, ferro, fósforo, entre outros.

A fruta possui um cheiro inconfundível e muito agradável. É de cor amarela, tem uma pele muito fina que envolve a polpa aveludada. Seu sabor é suave e muito gostoso.

Tem propriedades anti-inflamatórias, age no controle da pressão arterial, diminui taxas do colesterol alto e ácido úrico. Contribui em processos de emagrecimento. Em virtude da presença de ácidos como o platânico, betulínico e o b-sitosterol e outros compostos ela tem sido muito utilizada no tratamento de HIV, inclusive age contra a formação de tumores e malária.

Vale ressaltar que a uvaia é uma fruta que amassa com muita facilidade, oxida e resseca rapidamente, o que torna inviável a sua comercialização.

Indicações

Hipertensão, colesterol e ácido úrico alto, digestivo
Chá das folhas sob a forma de infusão.

Para as demais enfermidades utiliza-se a fruta ao natural ou em forma de suco.

BIBLIOGRAFIA

GONÇALVES, Paulo Eiró. **Alimentos que curam.** São Paulo: Ibrasa, 1996.

GOODHART, R.S. **Shils – Nutrição na saúde e na doença**. Philadelfia: Lea & Febiger, 1980.

CARIBE, Dr. José e CAMPOS, Dr. José Maria. **Plantas que ajudam o homem.** São Paulo: Pensamento Ltda., 1991.

BALBACH, A. e BOARIM, D. **As frutas na medicina natural.** Itaquaquecetuba: Edições Vida Plena, 1993.

GRANATO, Lourenço. **A conquista da saúde pelas frutas e pelo mel.** São Paulo.

HOEHNE, F.C. **Plantas e substâncias tóxicas e medicinais.** São Paulo-Rio: Graphicars, 1939.

CAPO, Nicolas. **Trofologia práctica y trofoterapia**. Barcelona: Librería Sintes, 1926.

ALMEIDA, Jayme Rocha de e VALSECH, Octávio. **Guia de composição de frutas.** Piracicaba, Inst. Zimotécnico, 1946.

SCOLNIK, Jaime. **Cura pela medicina naturista**: Lonoart Ltda., 1990.

MORAES, Deodato de. **Alimentação**. São Paulo: Edições Melhoramentos.

ALFRANCA, Demetrio Laguna. **Alimentate y cúrate com la fruta.** Barcelona: Editorial Sintes, 2ª edição, 1959.

PFEIFFER, C.C. **Nutrição e saúde mental.** London: Harper collins Publishers, 1991.

ROTMAN, Flávio. **A cura popular pela comida.** Rio de Janeiro: Record, 1986.

SCHNEIDER, Dr. Ernest. **A cura e a saúde pelos alimentos.** Santo André/ SP: Casa Publicadora Brasileira, 2ª edição, 1984.

SOLEIL, Dr. **Você sabe se alimentar?** São Paulo: Edições Paulinas, 1ª edição, 1992.

TEASDALE, G.A. **A natureza cura.** São Paulo: E.M.V.P., 1988.

INDICAÇÕES

PARA INFORMAÇÕES,
AGENDAR CURSOS
E PALESTRAS:
TELS.: (12) 3882-2649/3883-1011
Site: www.hiltonfito.com
E-mail: hiltonfito@yahoo.com.br

Você pode adquirir os títulos da WRC Livros também pelo *site* e se cadastrar para receber nossos informativos de lançamentos e promoções. Entre em contato conosco:

wrc Livros

sac@estacaopaz.com.br
www.estacaopaz.com.br

Cadastro de mala-direta

Nome: ______________________________

Endereço: ______________________________

____

Bairro: ______________________________

Cidade: ______________________ UF: ________

CEP: ________ - ______ Tel.: ______________

E-mail: ______________________________

Profissão: ______________________________

Nascido em: _____/_____/_____

Sexo: ☐ M ☐ F

Você compra livros em:

☐ Livrarias ☐ Feiras

☐ Por telefone ☐ Reembolso postal

☐ Internet ☐ Outros: ______________

____

Informe onde você comprou o livro

As 60 Frutas e seus benefícios medicinais (propriedades, indicações, modos de preparo, incluindo dos sucos)

Rua Doraci, 80 — Bom Retiro
São Paulo/SP — CEP 01134-050
(11) 3337-0689